ACCÈS Éditions

Vers les maths

Petite Section

Une progression vers les mathématiques
à l'école maternelle

Gaëtan Duprey
Inspecteur de l'Éducation nationale
Sophie Duprey
Conseillère pédagogique
Catherine Sautenet
Inspectrice de l'Éducation nationale
et
Caro
Illustratrice

Sommaire

PÉRIODE 3 janvier – février

PÉRIODE 4 mars – avril

PÉRIODE 5 mai – juin

Des outils adaptés pour les apprentissages mathématiques en maternelle

80 pages
30 €

80 pages
+ 144 cartes à jouer
35 €

Coffret
30 €

128 pages
45 €

176 pages
50 €

208 pages
55 €

ACCÈS Éditions
13 rue du Château d'Angleterre
67300 SCHILTIGHEIM
Tél. 03 88 79 97 67 • Fax 03 88 79 09 85
www.acces-editions.com

Des Pratiques de maîtres

AVANT-PROPOS

Catherine Berdonneau est professeur de mathématiques à l'Université de Cergy-Pontoise. Elle enseigne à l'I.U.F.M. de l'Académie de Versailles. Elle est membre du Conseil Scientifique de l'Association Générale des Enseignants des Écoles et classes Maternelles publiques (AGEEM) et de la Commission Internationale pour l'Étude et l'Amélioration de l'Enseignement des Mathématiques (CIEAEM). Catherine Berdonneau apporte ici son éclairage à cet outil novateur concernant la Petite Section de maternelle.

Comme ses prédécesseurs pour la Grande et la Moyenne Sections de maternelle, ce fascicule de même titre **Vers les maths** pour la Petite Section, également sous-titré « Une progression vers les mathématiques à l'école maternelle » offre un outil complet pour mettre en œuvre le programme actuel de maternelle (arrêté du 9 juin 2008, B.O. H.S. n° 3, 19 juin 2008). La démarche qui y est proposée est conforme à ce texte réglementaire, aux indications du décret du 11 juillet 2006 (Socle commun de connaissances et de compétences) *« les mathématiques fournissent des outils pour agir, choisir et décider dans la vie quotidienne. » (Socle, Annexe 3, titre A) « La maîtrise des principaux éléments de mathématiques s'acquiert et s'exerce essentiellement par la résolution de problèmes, notamment à partir de situations proches de la réalité. » (ibid.)* et au chapitre « Vers les mathématiques, quel travail en maternelle ? » du document d'accompagnement du programme de 2002, dont les passages principaux sont reproduits en pages 8 à 10.

La mise en page structurée, précise et aérée ainsi que le jeu des couleurs rendent aisée la prise de repères dans cet ouvrage. Le tableau de la page 7 fournit en une seule page une vue d'ensemble sur une organisation possible, au long des cinq périodes qui structurent l'année scolaire, des éléments relevant de trois des quatre champs préconisés par le texte réglementaire : « Découvrir les formes et les grandeurs, Approcher les quantités et les nombres, Se repérer dans le temps, Se repérer dans l'espace. » (B.O. p. 15-16). Le thème « se repérer dans le temps » est reporté à l'année de Moyenne Section, au profit d'une explicitation d'apprentissages relevant du développement de la pensée logique.

Cette programmation, très mesurée, peut être appliquée dans pratiquement toute classe de Petite Section : tout ce qui est proposé ici est pertinent par rapport à ce qu'un élève moyen peut mener à bien dans une classe d'effectif habituel. Le domaine numérique est abordé avec précaution, sans focaliser prématurément l'attention sur la reconnaissance des écritures chiffrées et la calligraphie. Cette légitime prudence n'est pas antinomique d'une ambition réelle et d'une contribution systématique à développer l'autonomie de l'élève, en particulier en travaillant dès la première période sur les repères spatiaux dans la classe. De même, les « jeux » (au sens d'activités à règles à pratiquer en petits groupes) sont introduits très progressivement, les élèves de Petite Section étant encore à l'âge où on a plus spontanément tendance à « jouer à côté de ses camarades », et où il revient à l'enseignant de mettre en place un apprentissage pour rendre l'enfant capable de « jouer avec ses camarades ».

Les apprentissages sont conduits au moyen de situations à vivre avec son corps tout entier (activités motrices globales dans le méso-espace) avant d'entreprendre une transposition (dans le micro-espace) avec des éléments de petite taille, qui entraîne une première abstraction par modélisation, décentration, mise en relation de contextes perceptivement différents.

Ceux qui connaissent les deux volumes concernant la Moyenne et la Grande Sections retrouveront avec plaisir un appui fort sur le vécu de la classe, l'exploitation de supports diversifiés constituant des objets familiers (éléments naturels glanés tels que noix ou autres, objets de récupération fabriqués par l'enseignant - boîte à toucher - voire avec des élèves, matériels didactiques commercialisés classiques ou plus inhabituels) dont on peut équiper sa classe en faisant preuve d'initiative, sans nécessairement disposer d'un budget très conséquent. Les suggestions de situations d'apprentissages, généreusement accompagnées d'illustrations montrant les supports en situation (photos prises en rafale comme un reportage) sont également susceptibles de constituer un guide pertinent pour enrichir l'ambiance, la collection des supports à mettre à la disposition des élèves de la classe, pour constituer une ludothèque pédagogique ou un coin lecture mathématique. Elles soulignent la diversité des objets de la classe qui se prêtent à des activités mathématiques. Chaque idée (lot de matériel, compétence visée) est déclinée en une séquence d'apprentissage où la situation évolue, se complexifie, constituant l'ébauche d'un projet susceptible d'être développé par l'enseignant dont chaque étape présente un enjeu aisément perceptible par l'élève.

L'enseignant trouve ici des indications d'activités rituelles (qui tiennent compte des besoins des très jeunes enfants, donc proposent des activités où ils ont à bouger) et un panorama sélectif de situations de résolution de problèmes dans des contextes familiers, visant une compréhension effective et non l'acquisition de comportements stéréotypés par répétition et imitation ; c'est dire qu'on tourne résolument le dos à un stakhanovisme du gribouillage de fiches, parfois flatteur mais à terme peu fécond. Les débutants comme les enseignants peu familiers de très jeunes élèves apprécieront particulièrement l'explicitation du vocabulaire à mettre en place, de tournures de phrases à assurer, grâce à une rubrique « langage » pour chaque double page.

Cet ouvrage devrait rendre de grands services à des publics variés :

- stagiaires en formation initiale,
- titulaires débutants en maternelle,
- maîtres formateurs et conseillers pédagogiques ayant à fournir des références de pratiques simples et riches.

En bref, un outil compagnon au quotidien pour l'aide à la préparation de la classe. Une telle opérationnalisation requérait un travail de praticiens : « j'en avais rêvé, ils l'ont faite ».

Catherine BERDONNEAU
Novembre 2012

Catherine Berdonneau

Site

Enseigner les mathématiques en maternelle et dans les classes élémentaires
http://c-berdonneau.hostoi.com/
Un dossier complet sur les apprentissages mathématiques à l'école maternelle dans l'onglet « enseigner ».
De nombreux résumés de conférences pédagogiques dans l'onglet « miscellanées ».

Bibliographie

Enseigner les mathématiques à la maternelle
F. Cerquetti-Aberkane et C. Berdonneau. Hachette Éducation. Première édition 1994

Mathématiques actives pour les tout-petits
Hachette Éducation. Première édition 2005

Aider les élèves en difficulté en mathématiques en C.P.-C.E.1
Volume 1 Numération, géométrie dans l'espace, résolution de problèmes. Hachette Éducation. Première édition 2006
Volume 2 Opérations, géométrie plane, grandeurs. Hachette Éducation. Première édition 2007

LA PROGRAMMATION ANNUELLE EN PETITE SECTION

	PÉRIODE 1 septembre – octobre	PÉRIODE 2 novembre – décembre	PÉRIODE 3 janvier – février	PÉRIODE 4 mars – avril	PÉRIODE 5 mai – juin
DÉVELOPPER SA PENSÉE LOGIQUE	– Trier, classer des objets	– Trier, classer des objets	– Résoudre des problèmes pour chercher	– Reproduire une suite d'objets	– Poursuivre une suite répétitive
APPROCHER LES QUANTITÉS ET LES NOMBRES	– Estimer des quantités	– Dénombrer des petites quantités (1 et 2) – Comparer des collections – Réaliser une distribution	– Dénombrer des petites quantités	– Associer différentes représentations des nombres (1 à 3) – Décomposer le nombre 3	– Dénombrer des petites quantités (1 à 4) – Mémoriser une quantité
SE REPÉRER DANS L'ESPACE	– Explorer l'espace de la classe	– Suivre un parcours orienté	– Se déplacer sur un jeu de piste – Se situer par rapport à des objets	– Situer des objets entre eux	– Décrire la postition des objets dans l'espace
DÉCOUVRIR LES FORMES ET LES GRANDEURS	– Apparier des objets selon leur forme	– Différencier des solides géométriques	– Ranger des objets selon leur taille – Apparier un solide avec une ou plusieurs de ses faces	– Reconnaître des formes géométriques	– Reproduire des assemblages de formes

REPÈRES POUR LA PETITE SECTION

Le programme pour l'école maternelle ne comporte ni partie Mathématiques, ni autres parties disciplinaires. Cependant, il est possible de repérer dans la rubrique Découverte du monde, des propositions d'activités et des compétences qui trouveront un prolongement dans les apprentissages mathématiques ultérieurs. En effet, les enfants n'attendent pas le cycle 2 pour utiliser un mode de pensée mathématique et commencer à élaborer leurs premières connaissances dans ce domaine.

Organisation pédagogique

Les activités proposées doivent s'appuyer sur un matériel riche et varié : objets « tout venant », jeux, supports fabriqués par l'enseignant ou par les enfants. Un équilibre doit être trouvé entre les occasions où l'activité est spontanée et celles dans lesquelles elle est provoquée par un questionnement de l'enseignant. D'une manière générale, les activités doivent correspondre à des centres d'intérêt des enfants. Les activités gratuites, non motivantes, sans rapport avec ce que vivent les enfants sont évitées. En particulier, la place des activités papier-crayon doit être limitée. Elle est sans intérêt pour les enfants de Petite Section.

Lorsqu'il ne se situe pas dans le cadre d'une activité déjà familière aux enfants, le seul énoncé d'une consigne permet rarement aux enfants de s'approprier correctement la tâche proposée. Le recours au mime ou à un médiateur (marionnette), l'utilisation d'exemples et de contre-exemples, l'exposition de l'objet attendu ou la reformulation par les enfants constituent autant de moyens de favoriser l'appropriation des éléments du contexte, de ses contraintes et du problème à résoudre. Dans certains cas, la richesse du matériel et les contraintes qu'il comporte permettent aux enfants de formuler des hypothèses sur les tâches possibles, l'enseignant précisant ensuite celle qui est retenue.

Stimulé par le plaisir du jeu, de l'action, de l'exploration, l'enfant se familiarise progressivement avec les contraintes imposées par l'adulte dans certaines situations.

Les connaissances se forgent tant par l'activité et son observation, que par la verbalisation de l'action, son examen critique, sa mise en relation avec d'autres expériences vécues à l'école ou dans la famille. Le langage et différentes sortes de représentations contribuent à structurer ces connaissances et à les fixer en mémoire. Les formulations orales qui accompagnent l'observation et l'action de l'enfant, soutenues par l'enseignant, constituent une aide à la prise de conscience de certaines questions ou de certaines régularités.

Déjà, à l'école maternelle, tous les enfants ne progressent pas de la même manière : ils n'élaborent leurs connaissances ni par les mêmes voies ni au même moment. La prise d'information sur le comportement des enfants face aux tâches proposées et sur les compétences qu'ils manifestent dans leur réalisation est donc primordiale pour adapter au mieux les situations proposées. L'observation, au cours d'un jeu, au cours d'une activité en atelier ou collective, offre des occasions suffisantes pour cette prise d'information, à condition d'avoir clairement défini ce que l'on souhaite évaluer.

Développer sa pensée logique

En Petite Section, de nombreuses occasions s'offrent à l'enfant de classer les objets qu'il utilise, en fonction de l'utilisation qu'il envisage d'en faire, de leur couleur, du matériau qui les constitue, de leur forme, de leur quantité pour les collections. L'enfant commence ainsi à isoler certaines propriétés des objets et des collections. Les classements effectués sont simples (sous forme de paquets). Ils peuvent être l'occasion de repérer un intrus ou d'identifier un élément absent.

Quelques activités de rangement, notamment pour ce qui concerne les grandeurs (plus petit que..., plus grand que...) et les quantités (plus que..., moins que...) peuvent être réalisées. La reconnaissance d'un rythme dans une suite linéaire ou la poursuite d'une telle suite permettent également un travail sur les formes, sur les grandeurs (alternance court/long par exemple) ou sur les petites quantités (alternance un/trois, par exemple).

Quelques jeux « à règle » sont proposés, en sachant que les enfants de cet âge sont souvent peu soucieux du respect de la règle et choisissent d'orienter leur action dans une autre direction.

Découvrir les formes et les grandeurs

Dès la Petite Section, les enfants commencent à différencier globalement des formes figuratives et des formes simples par la vue et par le toucher. Dans les jeux d'emboîtement, d'encastrement ou avec des puzzles, l'élève doit identifier la pièce puis la bonne orientation pour faire coïncider une face avec le trou ou l'empreinte. Il est en effet essentiel que l'enfant observe des formes placées dans des positions variées afin de percevoir l'invariance d'une forme par rapport aux déplacements qu'elle peut subir.

Les jeux de reconnaissance tactile, par exemple ceux où il s'agit de sortir d'un sac exactement le même objet que celui montré ou désigné contribuent à l'appréhension des formes et permettent au maître de « dire » le vocabulaire.

Des classements de lots de formes variées toutes de même couleur et épaisseur, des jeux des dominos des formes (conduisant à associer des formes superposables) renforcent ces premières connaissances.

Ces activités sont aussi l'occasion pour le maître d'utiliser du vocabulaire et de vérifier sa compréhension *: rond, arrondi, pointu, plat, droit.*

Dans le domaine des grandeurs, des comparaisons directes de longueurs (en mettant côte à côte les objets) peuvent être amorcées. L'élève peut comparer d'abord deux objets, puis ranger trois objets selon leur longueur (par exemple, baguettes de bois ou crayons, bandes « toises » après une séance de mesurage). Il utilise les termes grand et petit.

D'autres activités peuvent être proposées ou exploitées dans les moments de classe où une certaine liberté d'action est permise. En particulier, dans les « espaces » eau ou sable, la manipulation amène souvent les enfants à soupeser, comparer, transvaser. Ces activités qui nécessitent une observation peuvent être l'occasion d'un moment de langage où le maître questionne l'enfant sur ce qu'il a découvert, ce qu'il a voulu faire, l'aide à exprimer la réussite de son expérience voire les raisons de ses échecs : « Pourquoi ça n'a pas marché ? », « De quoi aurais-tu eu besoin ? »

Se repérer dans l'espace

Chez les petits, l'enfant explore et agit dans l'espace qui l'entoure. L'enseignant accompagne par le langage ses découvertes et ses progrès. L'aménagement et l'utilisation des coins, les activités dans la salle de jeu, la recherche d'objets cachés ou déplacés conduisent l'enfant à investir différents espaces (la classe, la salle d'évolution, la cour, par exemple).

Les localisations d'abord données oralement par le maître, puis formulées par les enfants eux-mêmes, offrent des occasions de structurer l'espace par rapport à des repères fixes. Elles aident à comprendre et à utiliser des locutions spatiales, en particulier celles qui sont fondées sur des oppositions : proche et lointain, sur et sous (la marionnette est cachée sous la table ou est posée sur la table), dedans et dehors, à côté de et loin de, d'un côté et de l'autre côté.

La structuration de l'espace se construit également dans des parcours d'itinéraires suivant des consignes orales directionnelles (aller vers la porte, monter sur le banc...) et par le récit qui permet de situer les événements de la vie quotidienne dans l'espace et le temps (nous sommes dans la salle de classe, avant nous étions dans la salle de jeux et, tout à l'heure, nous serons dans la cour). La manipulation et la réalisation d'objets ou encore des jeux d'empilement et d'emboîtement (comme la construction de tours avec du matériel modulaire ou avec des cartons) conduisent les enfants à expérimenter l'équilibre, la gravité et à envisager une première approche de la verticalité et de l'horizontalité.

Observer, reconnaître, commenter, décrire des photos et des images représentant des espaces connus permettent d'approcher de premières représentations de l'espace. Il est, par exemple, possible de demander à un enfant de se placer dans un endroit de la classe montré sur une photo.

Approcher les quantités et les nombres

Par les activités et les jeux qu'il fréquente, au travers de ses premières interrogations ou de celles de l'enseignant, l'enfant commence à élaborer l'idée de quantité. Celle-ci se traduit d'abord par des oppositions entre pareil et pas pareil ou entre beaucoup et pas beaucoup. Progressivement, l'apparence des collections devient moins prégnante, notamment lors d'activités dans lesquelles il faut opérer une distribution, apparier des objets, comparer des quantités (un peu, beaucoup). Ces activités nécessitent le recours à des compétences utiles dans la pratique du dénombrement (en particulier la correspondance terme à terme). Les enfants sont confrontés à des situations dans lesquelles il faut prendre autant d'objets qu'il y a de doigts montrés ou de points sur un gros dé (les quantités étant limitées en fonction des compétences de chacun, à trois par exemple) ou dans lesquelles il faut dire le nombre associé à une petite quantité.

La verbalisation "miroir" par l'enseignant des actions menées par l'enfant contribue à la prise de conscience des effets de ses actes et à la mémorisation des mots-nombres. Les procédures utilisées sont, à ce moment très variées, selon les élèves et en fonction de la taille des objets : correspondance effective ou par pointage, reconnaissance globale.

Les premiers éléments de la comptine numérique orale peuvent déjà être mis en place, au moins jusqu'à cinq ou six, pour une grande majorité d'élèves, par imitation avec l'aide de l'adulte. Son utilisation pour dénombrer de petites quantités (supérieures à trois) commence à se développer. Pour cela, l'utilisation des doigts, pour pointer les objets comptés comme pour afficher des quantités, joue un rôle important.

Une première fréquentation de comptines et de livres à compter peut être envisagée pour aider à cette mémorisation indispensable de la suite orale des nombres, même si elle ne garantit nullement que les enfants soient capables d'utiliser la comptine qu'ils connaissent pour dénombrer. L'utilisation autonome des nombres ne relève pas essentiellement d'activités rituelles (récitation de la suite des nombres, comptage des absents...), mais d'actions qui ont du sens pour l'enfant et qui lui font prendre conscience que dénombrer est efficace pour retenir une quantité. Le dénombrement de petites quantités est déjà possible, les procédures pouvant varier d'un enfant à l'autre : reconnaissance perceptive ou comptage un par un. Dans ce dernier cas, tous les enfants ne sont pas encore capables de reconnaître que le dernier mot prononcé lors du comptage des objets exprime la quantité toute entière.

À 4 ans, la plupart des enfants n'ont pas encore pris conscience des règles de fonctionnement de la chaîne orale et de ses particularités linguistiques. L'apprentissage reste essentiellement centré sur l'oral, ce qui n'interdit pas l'utilisation des écritures chiffrées par l'enseignant, mais ni leur écriture par les élèves, ni leur reconnaissance ne sont des objectifs à ce moment de l'école maternelle.

Se repérer dans le temps

L'objectif principal de la Petite Section est de permettre aux enfants d'élaborer les premiers éléments de l'idée de chronologie. Le vocabulaire avant, après, maintenant est utilisé dans le cadre d'une activité ou pour relier deux activités : avant le goûter, après le goûter... Lorsque des journées sont rythmées à l'identique, certains événements peuvent être anticipés ou, au contraire, remémorés (par exemple en organisant une suite de photos ou d'images évoquant des évènements réellement vécus par les élèves). Le matin est distingué de l'après-midi et les termes hier, aujourd'hui, demain sont progressivement utilisés. Un calendrier de type éphéméride est installé dans la classe et permet un début de prise de conscience de la succession des jours.

Vers les mathématiques : quel travail en maternelle ?
Ministère de l'Éducation nationale.
Direction de l'Enseignement scolaire. 2005

PÉRIODE 1 septembre – octobre

Se repérer dans l'espace

Découverte de la classe

MATÉRIEL

- Des photographies grand format des élèves en activité dans les différents espaces de la classe.
- La mascotte de la classe et son sac.

ORGANISATION

ÉTAPE 1 pendant toute la période 1.
ÉTAPES 2 ET 3 en fin de période 1.

DÉROULEMENT

La découverte des différents espaces de la classe est travaillée quotidiennement chaque fois qu'une occasion se présente. Les élèves investissent ces espaces en y jouant et en y travaillant.

DÉCOUVERTE
Motricité

ÉTAPE 1 Explorer l'espace classe

- Repérer au cours de la période quelques espaces de la classe.
  Cette exploration active s'effectue à travers les activités quotidiennes de la classe avec l'accompagnement physique et verbal de l'enseignant. Il photographie ses élèves lorsqu'ils sont en activité dans les différents endroits de la classe.
- Observer les photographies, reconnaître des espaces connus et dire ce qu'on y fait.
  Ces photos de grand format sont affichées dans les espaces correspondants.

DÉCOUVERTE
Manipulation

ÉTAPE 2 Investir les coins jeux de la classe

Lorsque l'enseignant veut faire découvrir un coin jeux à un groupe d'élèves, il apporte un sac contenant des objets provenant de ce coin.

- Découvrir, nommer les objets contenus dans le sac et dire à quoi ils servent.
- Se rendre dans le coin réservé à cette activité. Explorer le coin, manipuler les objets et jouer.
- Comprendre les consignes de l'adulte. Ranger le matériel avec l'aide de l'adulte.
- Dire ce que l'on a fait, ce que l'on peut faire et ce que l'on doit faire.

CONSOLIDATION
Motricité

ÉTAPE 3 Situer les différents espaces de la classe

La mascotte de classe découvre un objet dans son sac tous les matins lors d'un regroupement.

- Ranger cet objet au bon endroit dans la classe et nommer cet endroit.
  Ensuite la mascotte propose le jeu inverse. Elle a besoin d'un objet qui est rangé dans la classe.
- Chercher l'objet demandé par la mascotte en précisant l'endroit où on l'a trouvé.
- Identifier les coins représentés sur les grandes cartes (**voir page 13**) présentées par l'enseignant. Les placer aux bons endroits. Plus tard dans l'année, ces cartes serviront pour organiser l'accès aux coins jeux : signaler les coins ouverts ou fermés, indiquer le nombre de places disponibles en collant des gommettes ou en écrivant un nombre.

PROLONGEMENT

- Faire découvrir les lieux de l'école fréquentés spécifiquement par les petits : par exemple, faire découvrir la salle de sieste le matin quand elle n'est pas occupée.

DIFFÉRENCIATION

Au cours de l'étape 2, l'enseignant choisit les élèves en fonction de leurs besoins. Il incite les élèves à découvrir un coin jeux qu'ils ne connaissent pas.

S'APPROPRIER LE LANGAGE

- **Décrire** une image.
- **Nommer** des objets de la classe et **expliquer** leur fonction.
- **Lexique** Verbes d'actions se rapportant aux espaces de la classe, noms des espaces de la classe, noms des outils et du matériel de chaque espace.
- **Syntaxe** Utiliser des pronoms (on, il, elle) et des présentatifs (c'est), former des phrases complexes avec pour + infinitif.

LE GARAGE

LES LIVRES

LA CUISINE

LES POUPÉES

ESTIMER DES QUANTITÉS

« Beaucoup » de noix

MATÉRIEL

- Une grande quantité de noix (quantité qui permet de remplir 8 boîtes) dans un sac opaque.
- 14 boîtes identiques.
- Un panier ou une table d'expérimentation ou un grand bac.

ORGANISATION

ÉTAPE 1 une séance en atelier dirigé avec 5 élèves.
ÉTAPES 2 ET 3 une séance en atelier dirigé avec 5 élèves.

DÉROULEMENT

Les activités présentées ont pour objectif d'aider les élèves à élaborer l'idée de quantité.
Ils doivent manipuler une collection importante de noix. Un problème de partage les oblige à répartir cette collection en sous-collections. Ils comparent ensuite le contenu de chaque sous-collection.
Comme à cet âge, l'apparence des collections est encore prégnante, les élèves font appel à une estimation globale et perceptive des quantités (beaucoup, pas beaucoup, un peu).

ÉTAPE 1 S'approprier la situation

DÉCOUVERTE
Échange oral

Les élèves sont regroupés autour de l'enseignant et découvrent un sac contenant les noix.
- Toucher pour essayer de deviner le contenu du sac.

Puis l'enseignant sort progressivement des poignées de noix du sac, les dépose sur une table proche, observe les réactions des élèves et repère le langage utilisé.
- Nommer les objets : des noix. Commenter la situation.
- Transporter les noix avec les mains et les bras.

DÉCOUVERTE
Manipulation

L'enseignant relance l'activité en proposant d'utiliser une boîte.
Prendre des noix, les mettre dans la boîte et faire des allers et retours. Dire ce qu'on a fait.

ÉTAPE 2 Partager la collection de noix

RECHERCHE EN GROUPE
Résolution de problème

Le but est de répartir toutes les noix dans toutes les boîtes avant de les transporter. Toutes les boîtes doivent contenir des noix.
- Partager la collection de noix dans les 14 boîtes. Le but n'est pas de parvenir à un partage équitable.

Le groupe peut valider en vérifiant que chaque boîte contient des noix et que toutes les noix sont dans des boîtes.

ÉTAPE 3 Comparer des quantités de noix

RECHERCHE INDIVIDUELLE
Manipulation

- Comparer les quantités par estimation. Utiliser les termes : beaucoup, pas beaucoup, un peu.
- Organiser les boîtes sur la table en fonction de leur quantité : chercher d'abord celles qui contiennent « beaucoup » de noix puis celles qui n'en contiennent « pas beaucoup ». Certains élèves utilisent le terme « un peu ».
- Transporter les noix et les verser dans le panier. L'enseignant donne des consignes pour évaluer la compréhension des termes « beaucoup », « pas beaucoup ». Choisir les boîtes où il y a « un peu » ou « beaucoup » de noix et les transporter pour les verser dans le panier.

DIFFÉRENCIATION

- Viser la compréhension et l'utilisation du terme « un peu » avec les élèves les plus performants.

S'APPROPRIER LE LANGAGE

- **Dire** ce que l'on fait.
- **Lexique** Comprendre et utiliser à bon escient les adverbes « beaucoup », « pas beaucoup » et « un peu ». Prononcer et mémoriser le mot « noix ».
- **Syntaxe** Utiliser les expressions « Il y a beaucoup de » ou « Il n'y en a pas beaucoup ».

ÉTAPE 1 S'approprier la situation

Découvrir une grande quantité de noix. Transporter des noix jusqu'à un panier.

ÉTAPE 2 Partager la collection de noix

Répartir toutes les noix dans toutes les boîtes avant de les transporter.

Toutes les boîtes doivent contenir des noix.

PROCÉDURES OBSERVÉES

- Prend des noix pour sa boîte uniquement.
- Après intervention de l'adulte, accepte de donner des noix de sa boîte pour les placer dans des boîtes restées vides.
- Place des noix dans une boîte et effectue des transvasements dans les boîtes vides.
- Cherche à remplir des boîtes.
- Intervient sur le travail du groupe : organise, régule en prenant des noix dans les boîtes remplies. Regroupe les boîtes pleines en bout de table.

Trier les boîtes en deux catégories.

Prendre une boîte qui contient beaucoup ou un peu de noix.

COMPARER DES QUANTITÉS PAR ESTIMATION VISUELLE

« Trop » ou « pas assez »

MATÉRIEL

- Des petits personnages en plastique (ici des ours).
- Des bacs à glaçons de tailles variées.
- Un petit panier par élève.

ORGANISATION

Atelier dirigé avec 6 élèves.

DÉROULEMENT

Les activités présentées ont pour objectif d'aider les enfants à élaborer l'idée de quantité.
Ils doivent réaliser une collection finie d'objets en estimant les quantités nécessaires.
Comme à cet âge, l'apparence des collections est encore prégnante, ils font appel à une estimation globale et perceptive des quantités (pareil, pas pareil, beaucoup, pas beaucoup, trop, pas assez).

DÉCOUVERTE
Manipulation

Étape 1 Découvrir les ours

Des ours en plastique sont placés sur la table.

- Prendre des ours et jouer avec. Comparer les quantités prises par chacun. Utiliser les termes « beaucoup », « pas beaucoup », « un peu ».
- Effectuer des tris selon les critères de son choix : couleur, taille.
- Imiter les tris de ses camarades.

DÉCOUVERTE
Manipulation

Étape 2 S'approprier le problème

L'enseignant donne un bac à glaçons à chacun. Il explique que ce sont des jeux pour les ours.
Il doit y avoir un ours dans chaque alvéole.

- Prendre des ours dans les boîtes posées sur la table.
- Placer des ours dans son bac à glaçons en respectant la consigne : un ours par alvéole.
  Constater qu'on en a pris « trop », « pas assez » ou qu'il y en a « assez ». Prendre ce qu'il faut pour compléter.
- Observer tous les bacs remplis d'ours. Verbaliser et retenir que c'est le but de l'activité.
  Vider son bac et recommencer avec un autre d'une taille différente.

RECHERCHE
Expérimentation

Étape 3 Résoudre un problème par estimation

La collection d'ours est placée sur une table voisine appelée le magasin.
Les élèves reçoivent des bacs à glaçons de 10 à 12 places.

- Aller chercher des ours pour en avoir un à chaque place. On peut faire plusieurs voyages.
- Constater qu'on en a pris « trop », « pas assez » ou qu'il y en a « assez » et réguler.
  L'enseignant incite les élèves à évaluer de plus en plus finement les quantités dans le dernier voyage.
  L'enseignant commente, sollicite la verbalisation, apporte le vocabulaire, fait reformuler.
  Les élèves essayent plusieurs fois avec le même bac.
- Recommencer avec un bac de taille moins importante.

L'enseignant évoque la séance, fait le bilan, incite les élèves à verbaliser ce qu'ils ont fait.

DIFFÉRENCIATION

L'enseignant aide les élèves en difficulté en rappelant la consigne et en les guidant sur les actions à mener.
Pour les élèves qui savent déjà dénombrer des petites collections, l'enseignant peut demander de chercher juste les ours qui manquent lors du dernier voyage.
Ils dénombrent ou reconnaissent globalement des petites quantités.

S'APPROPRIER LE LANGAGE

- **Constater** le résultat d'une comparaison.
- **Lexique** Utiliser les termes « trop », « pas assez », « encore un peu », « Il en manque », « Il reste des places vides » « beaucoup », « pas beaucoup » et certains nombres connus.
- **Syntaxe** Phrases du type « Il manque encore des ours », « Il y a trop de », « Il n'y en a pas assez ».

ÉTAPE 2 S'approprier le problème

L'enseignant donne un bac à glaçons à chacun. Il explique que ce sont des manèges pour les ours.

La collection d'ours est placée au centre de la table.

Il faut prendre des ours pour en avoir un à chaque place.

ÉTAPE 3 Résoudre un problème par estimation

Les ours sont ensuite placés sur une table voisine. Estimer la quantité d'ours qu'il faut rapporter pour avoir un ours dans chaque alvéole.

Retourner à sa place et vérifier. Constater qu'on en a pris « trop » ou « pas assez ». Décider s'il faut en ajouter ou en retirer.

Recommencer avec des bacs de 4 à 6 places.

Quand le problème est résolu, les ours font du toboggan.

Procédures observées

- Prend « beaucoup » d'ours à chaque voyage et rapporte ce qui est en trop.
- Prend « beaucoup » d'ours au premier voyage et « un peu » aux voyages suivants.
- Prend « beaucoup » d'ours au premier voyage et reconnaît globalement une petite quantité si elle est inférieure ou égale à 3.
- Prend « beaucoup » d'ours au premier voyage et trouve le nombre de places vides en pointant chaque place du doigt lorsque c'est une petite quantité inférieure ou égale à 4.
- Décide de l'opération à effectuer : ajouter ou retirer.

APPARIER DES OBJETS SELON LEUR FORME

La main dans la boîte

MATÉRIEL

- Des objets du coin cuisine pour chaque élève : citrons, mandarines, couteaux, gobelets et assiettes.
- Une boîte à chaussures par élève. Le couvercle de cette boîte est troué pour permettre le passage d'une main d'enfant et des objets. Une manche de chemise est fixée sur le pourtour du trou de la boîte à chaussures. Ce dispositif oblige les élèves à utiliser le sens tactile pour reconnaître les objets contenus dans la boîte.

ORGANISATION

Atelier dirigé de 6 élèves.

DÉROULEMENT

Les activités présentées ont pour objectif d'aider les enfants à comprendre que l'on peut différencier des objets selon des caractéristiques liées à leur forme. Les élèves doivent devenir capables d'isoler cette propriété pour un objet. Deux assiettes peuvent être de forme identique mais de couleurs différentes.

RECHERCHE
Manipulation

ÉTAPE 1 Percevoir la forme d'un objet par la vue et le toucher

Chaque élève reçoit une boîte à chaussures contenant la même collection de 5 objets : citron, couteau, gobelet, mandarine et assiette.

- Nommer les objets contenus dans les boîtes et les sortir un à un. Constater que chaque élève a les mêmes éléments. Tous les élèves ont un couteau mais il peut être de couleur différente.
- Prendre chaque objet, le manipuler en fermant les yeux et le remettre dans sa boîte. L'enseignant apporte du vocabulaire pour décrire la forme de ces objets.
- Fermer les boîtes, passer la main dans la manche et explorer le contenu de la boîte avec la main.
- Sortir un objet puis le nommer. Nommer un objet avant de le sortir.
- Remettre tous les objets dans la boîte et sortir un objet en respectant la consigne de l'enseignant. L'enseignant montre ou nomme l'objet que les élèves doivent sortir.

RECHERCHE
Manipulation

ÉTAPE 2 Apparier deux objets de forme identique par le toucher

Les élèves jouent maintenant par groupes de deux. Un élève dispose de deux boîtes.

- Sortir de chaque boîte l'objet demandé par son camarade.
- Constater que deux objets peuvent avoir la même forme et être de couleurs différentes.

DIFFÉRENCIATION

- En fonction des compétences des élèves, choisir des objets de formes proches ou très distinctes.
- Adapter la quantité et la nature des objets aux connaissances et à l'intérêt des élèves.

S'APPROPRIER LE LANGAGE

- **S'exprimer** en situation de jeu.
- **Lexique** Noms (objets du coin cuisine), verbes (toucher, trouver, sortir, deviner), vocabulaire spatial (dedans, dans, à l'intérieur).
- **Syntaxe** Décrire les formes en utilisant « c'est » et des adjectifs (plat, pointu, doux, creux, long, vide).

ÉTAPE 1 Percevoir la forme d'un objet par la vue et le toucher

Nommer les objets contenus dans les boîtes et les sortir un à un.

L'enseignant montre ou nomme l'objet que les élèves doivent sortir.

ÉTAPE 2 Apparier deux objets de forme identique par le toucher

Sortir de chaque boîte l'objet demandé par son camarade.

APPARIER DES OBJETS SELON LEUR FORME

Touché trouvé !

MATÉRIEL

- Le jeu Touché trouvé ! de Haba : 13 objets en bois, 10 sacs en tissu très épais, des cartes représentant les silhouettes des objets.

ORGANISATION

Atelier dirigé de 4 à 6 élèves.

DÉROULEMENT

DÉCOUVERTE
Manipulation

ÉTAPE 1 Mémoriser la forme d'un objet

Les objets du jeu Touché trouvé sont placés au centre de la table.

- Choisir un objet chacun son tour, le nommer et le poser devant soi. Recommencer deux fois cette activité.
  L'enseignant garde un objet, le montre, le nomme et l'associe à une carte-silhouette. Chaque élève a plusieurs objets devant lui.
- Associer ses objets aux cartes-silhouette correspondantes placées au centre de la table.
  Les cartes-silhouette sont placées sur une table proche.
- Aller chercher les cartes-silhouette correspondant à ses objets.
  Valider en posant les objets sur les cartes-silhouette.

RECHERCHE
Expérimentation

ÉTAPE 2 Percevoir la forme d'un objet par le toucher

Chaque élève a devant lui ses cartes-silhouette et ses objets et reçoit des sacs en tissu.

- Manipuler ses objets pour percevoir leur contour. Cacher chaque objet dans un sac. Mélanger les sacs.
- Toucher les sacs pour retrouver les objets correspondant aux cartes-silhouette.
  Poser les sacs près des silhouettes. Vérifier en ouvrant les sacs et en posant les objets sur les cartes.

PROLONGEMENTS

CONSOLIDATION
Manipulation

- Changer les objets et jouer à nouveau.
- Mélanger tous les sacs au centre de la table et trouver les sacs correspondant à ses cartes.
- Jouer à deux selon la règle du jeu de loto.
- Fabriquer des cartes avec des objets de la classe.

DIFFÉRENCIATION

- Certaines sont plus faciles à identifier par le toucher : le morceau de gruyère, le serpent, l'étoile et le poisson.

S'APPROPRIER LE LANGAGE

- **S'exprimer** en situation de jeu.
- **Lexique** Noms (objets du jeu, la forme), adjectifs (pointu, petit, grand), verbes (toucher, trouver, sortir), vocabulaire spatial (dans, à l'intérieur).
- **Syntaxe** Utiliser « c'est » ou « c'est le même ».

ÉTAPE 1 Mémoriser la forme d'un objet

Aller chercher les cartes-silhouette correspondant à ses objets.

Valider en posant les objets sur les cartes-silhouette.

Manipuler ses objets pour percevoir leur contour.

Cacher chaque objet dans un sac.

ÉTAPE 2 Percevoir la forme d'un objet par le toucher

Toucher les sacs pour retrouver les objets correspondant aux cartes-silhouette.

Placer chaque sac près d'une carte-silhouette puis valider.

Jouer au jeu de loto.

Développer sa pensée logique

Faire le tri

MATÉRIEL

- Tous les pions de forme ronde du jeu Maxicoloredo.
- Des boîtes pour ranger ces objets, un petit panier par élève.
- Les véhicules de tri du catalogue Nathan éducatif pour l'étape 3.

ORGANISATION

Une séance de 20 minutes en atelier dirigé avec 6 élèves.

DÉROULEMENT

Le matériel utilisé pour les activités de tri a été découvert par les élèves lors de situations de jeu libre.

DÉCOUVERTE
Manipulation

● Étape 1 S'approprier le problème

Les élèves découvrent que la salle de classe est en désordre. Des pions, uniquement de forme ronde, du jeu Maxicoloredo de toutes les couleurs sont mélangés sur une table. La mascotte de la classe a certainement encore fait une farce aux élèves !

L'enseignant propose à un groupe d'élèves de ranger la classe et de profiter de l'occasion pour mieux ranger les Maxicoloredo. Le groupe s'installe à une table proche de celle où sont dispersés les pions.

- Aller chercher un pion. Comparer avec les pions rapportés par ses camarades.
- Aller chercher les mêmes pions que celui montré par un camarade (pion jaune).
  L'enseignant n'indique pas le critère de tri. Les élèves doivent trouver des objets ayant la même propriété. Plusieurs voyages sont possibles. Après plusieurs essais, on vérifie que tous les pions jaunes ont été triés. Ces pions sont placés dans une boîte.

RECHERCHE
Expérimentation

● Étape 2 Trier des objets par couleur

- Trier les autres pions en un seul voyage par couleur. Les élèves doivent cette fois chercher les pions de la couleur demandée par un camarade en un seul voyage car le nombre de déplacements dans la classe est trop important. Cette consigne pose problème aux élèves qui doivent réunir tous les pions de la couleur demandée avant de les transporter. Après une phase de tâtonnement, l'enseignant donne un petit panier à chaque élève pour faciliter le transport.

CONSOLIDATION
Manipulation

● Étape 3 Trier selon le type de véhicule

Les véhicules sont placés sur une table proche.

- Identifier et nommer les véhicules.
- Effectuer des tris successifs selon le type de véhicules suivant la démarche des étapes 1 et 2.

DIFFÉRENCIATION

Si un élève doit chercher tous les bateaux, un bateau est placé dans son panier. Cette aide est utile pour les élèves qui ont des difficultés à mémoriser et à se tenir à un seul critère de tri.

S'APPROPRIER LE LANGAGE

- **Comprendre** une consigne de tri simple. « Ne prendre que les pions rouges » ou « Prendre uniquement les pions rouges » ou « Prendre seulement les pions rouges »
- **Lexique** Adjectifs de couleur (rouge, vert, bleu, jaune), noms des véhicules à trier (voiture, bus, train, camion, bateau, camion de pompiers, avion), verbe « trier » pour les bons parleurs.
- **Syntaxe** Utiliser les pronoms personnels « tu » et « il » ou « elle ». Phrases du type « Tu as pris les camions », « Elle a mis tous les avions dans la boîte ».

ÉTAPE 1 S'approprier le problème

La mascotte de la classe a encore fait une farce. Il faut ranger les pions du jeu Maxicoloredo.

Un élève cherche un pion. Il faudra ensuite chercher tous les pions identiques au pion d'un camarade. L'enseignant n'indique pas la propriété à respecter.

Les pions sont rassemblés dans une boîte.

ÉTAPE 2 Trier des objets par couleur

Aller chercher tous les pions jaunes en un seul voyage.

Aller chercher tous les pions verts en un seul voyage.

PROCÉDURES OBSERVÉES
- Observe, imite un camarade.
- Prend une poignée de pions, les place dans son panier puis retire les objets qui ne sont pas de la couleur demandée.
- Prend les pions un par un et vérifie pour chaque objet si la propriété est respectée.

ÉTAPE 3 Trier selon le type de véhicule

Aller chercher tous les bateaux en un seul voyage.

Aller chercher tous les avions en un seul voyage.

PROCÉDURES OBSERVÉES
- Choisit le critère type de véhicule.
- Prend les véhicules un par un et vérifie pour chaque objet si la propriété est respectée.
- Observe l'ensemble de la collection pour repérer les véhicules recherchés.

TRIER, CLASSER DES OBJETS

Classement et désignation

MATÉRIEL

- Tous les pions de forme ronde du jeu Maxicoloredo.
- Des boîtes opaques et un petit panier par élève.
- Des gommettes, des crayons et des feuilles de papier.

ORGANISATION

Atelier dirigé avec 6 élèves.

DÉROULEMENT

RECHERCHE Expérimentation

ÉTAPE 1 Classer des objets selon leur couleur

La mascotte de la classe a encore fait une farce aux élèves. Des pions, uniquement de forme ronde, du jeu Maxicoloredo de toutes les couleurs sont mélangés sur une table. L'enseignant propose de mettre tous les Maxicoloredo dans des boîtes. Le groupe s'installe à une table proche de celle où sont dispersés les pions. Le but est de placer dans chaque boîte les pions de la même couleur.
L'enseignant donne un exemple.

- Aller chercher des pions avec son petit panier et les « ranger » dans les boîtes. Plusieurs voyages sont possibles. Certains élèves effectuent des tris successifs. À chaque voyage, ils prennent des pions d'une seule couleur. D'autres élèves rapportent dans leur panier des pions de plusieurs couleurs et les classent dans les boîtes.
- Après plusieurs essais, vérifier que la consigne a bien été respectée. Corriger les erreurs de classement.

RECHERCHE Expérimentation

ÉTAPE 2 Coder la propriété d'un objet

L'enseignant propose un nouveau jeu. Les boîtes sont fermées et mélangées. Il faut classer les pions dans les boîtes sans les ouvrir.

- Placer les pions rouges sur le couvercle de la boîte que l'on pense être celle des rouges.
- Recommencer avec les pions des autres couleurs.
- Ouvrir les boîtes et constater les erreurs.
- Chercher une solution pour éviter ces erreurs.

L'enseignant propose du matériel pour aider les élèves. Il propose des gommettes, des crayons de couleur et des feuilles de papier.

- Coller une gommette ou dessiner un rond de couleur sur chaque boîte.
- Jouer avec les Maxicoloredo puis ranger les pions dans les boîtes en respectant le classement mis en place.

DIFFÉRENCIATION

En cas de difficulté lors de l'étape 1, demander à l'élève d'effectuer des tris successifs.
Par exemple, repérer tous les pions rouges, les placer dans la boîte des rouges après avoir vérifié que les pions ont la même couleur que ceux de la boîte.

S'APPROPRIER LE LANGAGE

- **Comprendre** une consigne de classement simple.
- **Expliquer** comment est organisé un classement.
- **Lexique** Adjectifs de couleur (rouge, vert, bleu, jaune). Vocabulaire spatial (dans, sur). Verbes (ranger, classer). Utiliser l'expression « la même couleur ».

ÉTAPE 1 Classer des objets selon leur couleur

Aller chercher des pions sur une table proche.

Certains élèves ne cherchent que des pions d'une seule couleur.

D'autres élèves rapportent dans leur panier des pions de toutes les couleurs.

Classer les pions dans des boîtes.

PROCÉDURES OBSERVÉES

- Observe, imite un camarade.
- Effectue des tris successifs.
- Prend une poignée de pions, les place dans son panier puis va les classer dans les boîtes.
- Tient compte des pions placés par ses camarades et poursuit le classement.

ÉTAPE 2 Coder la propriété d'un objet

Placer les pions rouges sur la boîte que l'on pense être celle des rouges.

Coller une gommette ou dessiner un rond de couleur pour coder la propriété des objets rassemblés dans chaque boîte.

Utiliser ce classement lors des jeux avec les Maxicoloredo.

Activités complémentaires

Se repérer dans l'espace LE FIL D'ARIANE

- Repérer le début et la fin d'un parcours.

MATÉRIEL

– Une pelote de laine.

ORGANISATION

Cette activité est menée au moment où il faut se rendre à la salle de jeux.
Une demi-classe avec l'enseignant. L'autre partie de la classe reste quelques minutes avec l'ATSEM puis rejoint le groupe en salle de jeux par le chemin habituel.

CONSIGNES

– Suivre le parcours matérialisé dans l'école par un fil de laine. Ce parcours débute dans la salle de classe et se termine en salle de jeux pour y mener des activités motrices.
Il passe dans des endroits non connus des élèves pour qu'ils découvrent des lieux nouveaux.
– Nommer les différents espaces de l'école parcourus. Découvrir des lieux de l'école inconnus des élèves.
– À l'arrivée, rappeler les espaces visités. Repérer et nommer le début et la fin du parcours.
Essayer de retrouver la chronologie des lieux visités.
– Lorsque l'autre moitié de la classe rejoint le groupe dans la salle de jeux, décrire le parcours que l'on a suivi.

Approcher les quantités et les nombres TRANSVASEMENTS

- Comparer des quantités : beaucoup, pas beaucoup, un peu.

MATÉRIEL

– Une grande quantité de noix.
– Des cuillères, des louches et des écumoires.

ORGANISATION

Atelier autonome de 6 élèves.

CONSIGNES

– Transporter les noix jusqu'aux récipients placés sur le banc.
– Comparer les quantités transportées avec les différents ustensiles.
– Utiliser les termes beaucoup, pas beaucoup, un peu.

Approcher les quantités et les nombres LE JEU DU CHRONOMÈTRE

- Comparer des quantités : beaucoup, pas beaucoup, un peu.

MATÉRIEL

– Des morceaux de pâte à modeler de taille identique.
– Des petites bouteilles en plastique identiques.

ORGANISATION

Atelier dirigé de 6 élèves.

CONSIGNES

– Faire des empreintes sur la pâte à modeler avec sa bouteille pendant la durée indiquée par l'adulte.
L'adulte donne le top pour le départ et pour la fin.
– Comparer les quantités d'empreintes réalisées.
– Classer les productions en fonction des quantités. Distinguer celles où il n'y en a pas beaucoup ou peu et celles où il y en a beaucoup.

Découvrir les formes et les grandeurs PREMIERS ENCASTREMENTS

- Maîtriser ses gestes.
- Comparer des longueurs ou des aires.
- Réaliser des encastrements de 3 à 6 pièces.

Formes figuratives avec modèle sous chacune des pièces. 4 à 6 pièces.

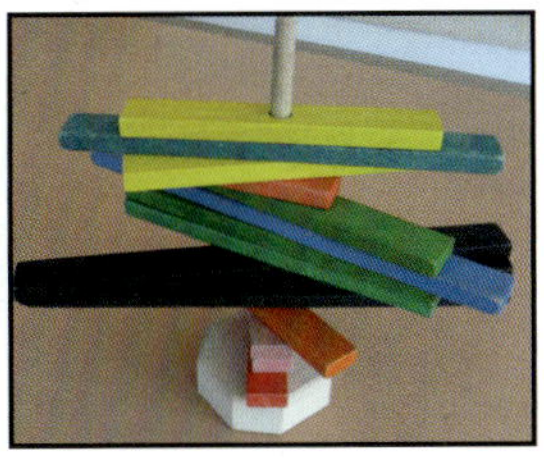

Maîtriser des gestes pour enfiler les formes dans la tige. Percevoir les différences de tailles.

Encastrements qui incitent à faire pivoter les pièces.

Formes figuratives sans modèle. 3 à 4 pièces.

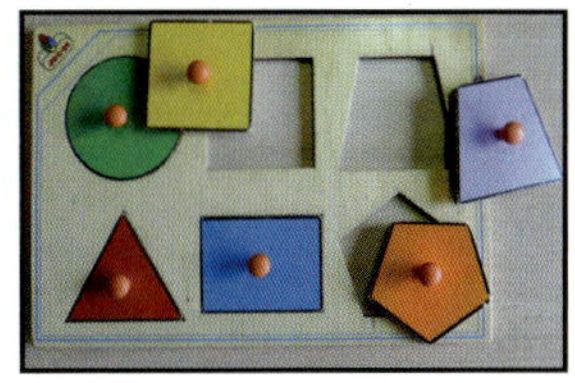

Formes géométriques sans modèle. 3 à 6 pièces.

Développer sa pensée logique TRIS VARIÉS

- Trier des objets selon un critère.

MATÉRIEL

- Des collections d'objets variées : bouchons en plastique, véhicules de tris, formes à trier, personnages de tri, ours de tri, animaux de tri.

ORGANISATION

Atelier de 6 élèves.

Trier les bateaux.

Trier les bouchons selon leur couleur.

CONSIGNES

Les activités de tri sont proposées très fréquemment au cours de cette période. L'enseignant place un grand bac avec des objets à trier au centre de la table. Il propose d'abord des collections d'objets du même type (seulement des véhicules ou seulement des formes) puis des collections qui mélangent différents types d'objets (formes et véhicules par exemple).

- Prendre des objets placés dans le bac et jouer. Nommer les objets.
- Trier les objets identiques selon un critère. Trier les ours selon le critère couleur.
- Trier les objets différents selon un critère. Trier les bateaux dans le bac des véhicules.
- Trier des objets dans une collection très hétérogène. Dans un bac contenant des bouchons, des formes géométriques, des ours de tri et des véhicules, trier les objets rouges.

Pour relancer l'intérêt, l'enseignant donne des contraintes nouvelles comme par exemple utiliser des pinces de différents types pour manipuler les objets.

Développer sa pensée logique RANGEMENT DES ATELIERS

- Classer des objets selon un critère donné.

MATÉRIEL

- Des jeux de la classe.

ORGANISATION

Atelier de 6 élèves.

CONSIGNES

Après avoir joué avec le matériel, les élèves doivent le ranger dans des bacs en plastique et des sacs.
Beaucoup d'autres situations fonctionnelles de tri ou de classement sont possibles dans une classe.
Elles peuvent aussi être utiles en début d'activité. Il est parfois nécessaire de classer du matériel avant de commencer un jeu.

Rituels pour apprendre à compter

Ces rituels sont pratiqués quotidiennement avec une demi-classe ou la classe entière.
Ces rituels permettent de développer les compétences numériques des élèves mais aussi celles de raisonnement et d'attention. C'est un moment spécifique dans la journée bien repéré par les élèves. Il a une durée de 5 à 10 minutes.

Jeux de doigts

- Apparier les doigts identiques.

En petite section, les élèves ont souvent besoin d'utiliser leurs doigts pour désigner des quantités.
La pratique des jeux de doigts est donc essentielle pour développer leur dextérité.

DEUX PETITS BONHOMMES

Deux p'tits bonhommes
(lever les pouces)
S'en vont au bois
(les pouces se touchent)
Chercher des pommes
(les index se touchent)
Et puis des noix
(les majeurs se touchent)
Des champignons
(les annulaires se touchent)
Et des marrons
(les auriculaires se touchent)
Et puis ils rentrent à la maison.
(joindre les mains et former une maison)

Comptines numériques : le corps

- Dénombrer des petites quantités.

Chez les petits, la prise de conscience des quantités se construit à travers les activités qui mettent en jeu le corps.

DEUX MAINS, DEUX PIEDS

Une main, (montrer une main)
Deux mains, (montrer l'autre main)
Frappe des mains !
Un pied, (montrer un pied)
Deux pieds, (montrer l'autre pied)
Tape des pieds !

ARLEQUIN

Une tête,
Un ventre,
Deux jambes,
Deux pieds,
Deux bras,
Deux mains.
Bonjour Arlequin !

Le jeu du miroir (1)

- Développer l'attention et l'observation.
- Apparier des gestes. Faire « pareil que ».

Les rituels ont aussi pour objectif de développer la capacité de raisonnement des élèves.
Le développement de la pensée logique des élèves s'effectue notamment en réalisant des tris, des classements et des appariements.
Un cas particulier de classement est l'appariement (les sous-ensembles se composent de deux objets) comme par exemple l'activité qui consiste à donner un tas de chaussettes et à demander de mettre deux par deux les chaussettes qui forment la même paire.

- Reproduire les mêmes gestes que l'enseignant. En PS, on débute par des gestes symétriques utilisant les deux mains pour éviter les problèmes de dissociation et de latéralité.
- Lever les deux mains en l'air, poser les deux mains sur la tête, cacher les deux mains derrière le dos, mettre les deux mains sur le front, le nez, la bouche, les yeux.
- Croiser les deux mains. Taper des deux mains sur les genoux. Mettre les deux mains sur les épaules.

La collection de bouchons

- Construire l'idée de quantité.
- Comparer des quantités par estimation visuelle : beaucoup, pas beaucoup.

Cette activité permet aux élèves de participer à la constitution progressive d'une collection d'objets.
Chaque jour, des élèves apportent des bouchons qui seront rassemblés dans un grand bac translucide.
L'enseignant donne des bouchons aux élèves qui n'en apportent pas.

- Comparer par estimation visuelle les quantités de bouchons apportés. Utiliser les termes « beaucoup », « pas beaucoup » et « un peu ».
- Transvaser les bouchons dans le bac translucide. Observer quotidiennement la quantité de bouchons qui augmente.
- Prendre 3 photos du bac. Afficher les photos dans l'ordre chronologique pour visualiser l'augmentation des quantités.
- Les bouchons sont ensuite utilisés pour des activités de tri, de classement et de comparaison.
  Ces bouchons sont utilisés dans l'année pour des réalisations graphiques ou plastiques.

Jeux mathématiques

Champ de fleurs

- Reconnaître des objets selon le critère couleur.

MATÉRIEL

- 4 socles avec 1 tige.
- 20 perles plates en bois qui figurent les feuilles.
- 4 corolles de fleurs en bois.
- 1 gros dé.

Champ de fleurs. *Goki*

BUT DU JEU

Compléter sa fleur avec des feuilles de même couleur en utilisant la motricité fine.

Touché trouvé !

- Apparier des objets selon leur forme.

MATÉRIEL

- 10 sacs en tissu.
- 13 objets en bois.
- 13 cartes-silhouette.

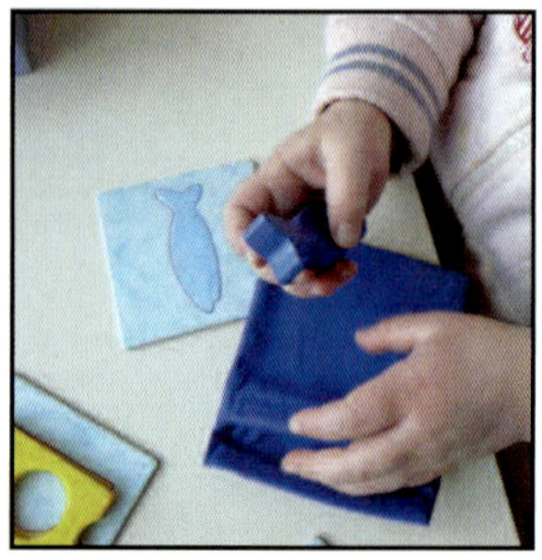

Touché trouvé ! *Haba*

BUT DU JEU

Retrouver les objets représentés sur les cartes en utilisant le sens tactile. Ce jeu permet de réaliser des appariements mixtes, tactiles et visuels.

Mes premiers jeux RECONNAISSANCE TACTILE

- Apparier des objets selon leur forme.

MATÉRIEL

- 1 mouton en tissu.
- 12 pièces en bois.
- 1 petit sac.
- 6 feuilles de trèfle en carton.

Mes premiers jeux.
Reconnaissance tactile. *Haba*

BUT DU JEU

Retrouver les objets identiques (carreaux de chocolat, morceau de gruyère, croissant...) en utilisant le sens tactile.
Ce jeu permet de réaliser des appariements tactiles.

Lynx géant

- Apparier des objets identiques.

MATÉRIEL

- 1 grand tapis de jeu en mousse.
- 48 pièces amovibles en mousse.
- 48 fiches en carton correspondant aux pièces en mousse.

Lynx géant. *Educa*

BUT DU JEU

Réaliser le plus rapidement possible des appariements visuels.

PÉRIODE 2 novembre – décembre

SUIVRE UN PARCOURS ORIENTÉ

La rivière

MATÉRIEL

- Des gros blocs de mousse, des caissettes, des tapis bleus, des cerceaux.
- Des poissons et des canards en plastique.
- Des cubes en mousse, des personnages Duplo.

ORGANISATION

Atelier dirigé en salle de jeux.

DÉROULEMENT

DÉCOUVERTE
Motricité

● ÉTAPE 1 Construire un chemin avec de gros objets

Construire un chemin orienté

- Construire un parcours avec des objets pour traverser une « rivière » de tapis sans mettre les pieds dans l'eau (sur les tapis).
  Des poissons et des canards en plastique sont disposés sur les tapis pour rappeler la présence d'eau.
- Marcher sur les objets pour essayer le parcours réalisé.
- Repérer le début et la fin du parcours.

Construire deux chemins de couleur

- Construire un parcours pour traverser la rivière avec des objets rouges puis avec des objets jaunes.
- Traverser la rivière en utilisant le chemin de son choix.
- Repérer le départ et l'arrivée de chaque parcours.

Construire un chemin pour relier deux cerceaux

Des cerceaux de couleur (bleus, jaunes, verts) sont placés de chaque côté de la rivière de tapis.
- Construire un parcours avec des objets en mousse pour relier les deux cerceaux rouges.
- Construire un chemin pour relier deux cerceaux jaunes. L'enseignant a placé les cerceaux de façon à ce que les deux chemins se croisent.
- Se déplacer sur les chemins en sautant à pieds joints.
- Situer le départ et l'arrivée de chaque parcours.

RECHERCHE
Expérimentation

● ÉTAPE 2 Construire un chemin avec des petits objets

Construire un chemin de couleur avec des petits objets provenant de jeux de construction pour qu'un personnage Duplo puisse traverser un tapis.
- Choisir une couleur, construire son chemin puis faire traverser son personnage.
- Utiliser les chemins de ses camarades pour jouer avec son personnage Duplo.
- Indiquer le départ et l'arrivée de chaque parcours.

DIFFÉRENCIATION

Donner moins d'objets pour construire un chemin rend la tâche plus difficile.

S'APPROPRIER LE LANGAGE

- **Comprendre et utiliser** à bon escient le vocabulaire de repérage dans l'espace.
- **Lexique** Noms (chemin, rivière, au début, à la fin, départ, arrivée, poisson, canard), verbes (traverser, se croiser), vocabulaire spatial (sur, vers, de ce côté, de l'autre côté), le nom des couleurs.

ÉTAPE 1 Construire un chemin avec de gros objets

Construire un chemin pour traverser la rivière.

ÉTAPE 2 Construire un chemin avec des petits objets

Construire un chemin pour faire traverser son personnage.

SUIVRE UN PARCOURS ORIENTÉ

Le jeu du sapin

MATÉRIEL

- Des gros blocs de mousse et des cerceaux.
- Des cubes en mousse, des personnages Duplo.
- Une piste de jeu sur papier cartonné avec une image de sapin en bout de piste.
- Un gros et un petit dé avec 3 faces rouges et 3 faces jaunes.

ORGANISATION

Atelier dirigé avec 5 élèves.

DÉROULEMENT

DÉCOUVERTE
Motricité

ÉTAPE 1 Se déplacer sur un parcours réel

Construire deux chemins de couleur

- Construire deux chemins distincts rouges et jaunes avec des gros blocs de mousse. Le début et la fin de chaque chemin sont matérialisés avec des cerceaux. L'arrivée de chaque chemin est située près du sapin. Repérer le départ et l'arrivée du chemin.
- Marcher sur les blocs de mousse dans le bon sens pour essayer le parcours réalisé.

Jouer au jeu du sapin

Deux joueurs se déplacent au départ du parcours tandis que leurs camarades sont chargés de lancer le dé des couleurs chacun leur tour. Le but pour les élèves n'est pas de savoir qui va arriver le premier. Le but est d'aller accrocher une boule au sapin.

- Se déplacer sur le bloc de mousse suivant lorsque le dé indique sa couleur.
- Accrocher une boule au sapin lorsqu'on est arrivé.

DÉCOUVERTE
Manipulation

ÉTAPE 2 Déplacer un personnage sur une maquette du parcours

Le but du jeu est de savoir quel personnage Duplo va arriver le premier au sapin.
Les joueurs ne sont donc pas associés à un personnage précis. Il n'y a donc pas de joueur vainqueur ou perdant pour ce premier jeu de piste.

- Reconnaître les éléments du jeu vécu en étape 1. Repérer le début et la fin de chaque chemin. Indiquer le sens du parcours.
- Jouer à déplacer son personnage Duplo sur le parcours.
- Jouer au jeu du sapin sur la maquette du parcours. Se déplacer à chaque fois sur le cube suivant. Comparer la progression de chaque personnage Duplo. Quel personnage est le plus près du sapin ?

DÉCOUVERTE
Manipulation

ÉTAPE 3 Déplacer un personnage sur une représentation du parcours

- Reconnaître les éléments du jeu vécu aux étapes 1 et 2.
  Repérer le début et la fin de chaque chemin. Indiquer le sens du parcours.
- Jouer au jeu du sapin sur la piste de jeu. Se déplacer à chaque fois sur le carré suivant.
- Comparer la progression de chaque personnage. Quel personnage est le plus près du sapin ?

S'APPROPRIER LE LANGAGE

- **Comprendre** une règle du jeu.
- **Lexique** Noms (début, fin, départ, arrivée), verbe (avancer), vocabulaire spatial (le plus près, sur, près de).

ÉTAPE 1 Se déplacer sur un parcours réel

Construire deux chemins de couleur.

Jouer au jeu du sapin.

ÉTAPE 2 Déplacer un personnage sur une maquette du parcours

Repérer le début et la fin de chaque chemin.
Indiquer le sens du parcours.

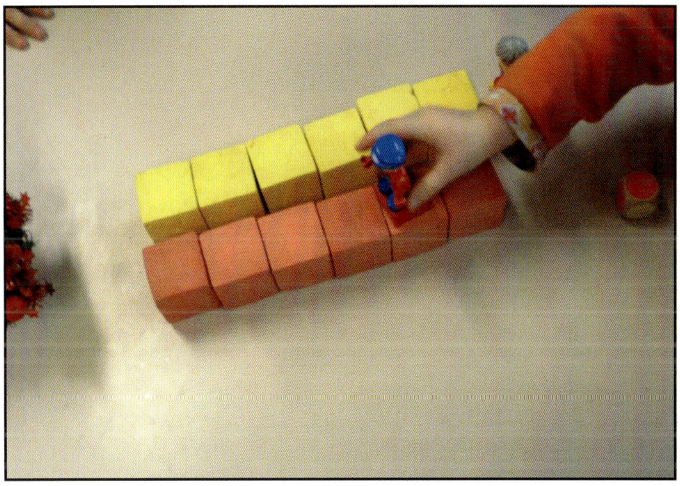

Se déplacer à chaque fois sur le cube suivant.

ÉTAPE 3 Déplacer un personnage sur une représentation du parcours

Reconnaître les éléments du jeu vécu aux étapes 1 et 2.

Quel personnage est le plus près du sapin ?

Approcher les quantités et les nombres

La tête à Toto

MATÉRIEL

- Des pinces à linge, une assiette en carton par élève.
- Des éléments des jeux de construction Flexo, Duplo et Clippo.
- Des crayons de couleur.
- De la pâte à fixer.

ORGANISATION

Étape 1 en regroupement pendant une semaine.
Étapes 2 et 3 en atelier dirigé de 6 élèves.

DÉROULEMENT

DÉCOUVERTE
Échange oral collectif

● **Étape 1 S'approprier la comptine**
La comptine *Ma tête* est présentée régulièrement lors des regroupements.

Ma tête

Deux yeux	*(pointer chaque œil avec chaque index)*
Un nez	*(tirer sur son nez)*
Une bouche	*(faire le tour de sa bouche avec son index)*
Deux oreilles	*(tirer sur ses deux oreilles en même temps)*
Deux joues	*(enfoncer un index dans chaque joue)*
Une tête	*(faire le tour de sa tête avec son index)*
Et beaucoup de cheveux dessus !	*(ébouriffer ses cheveux avec ses deux mains)*

- Faire les gestes pendant que l'enseignant récite la comptine.
- Réciter la comptine et faire les gestes en même temps que l'enseignant.

RECHERCHE INDIVIDUELLE
Manipulation

● **Étape 2 Mémoriser une petite quantité (1 à 2 éléments)**
- Réaliser une tête en posant des éléments sur l'assiette en carton. Les éléments sont placés sur une table voisine. Le déplacement oblige les élèves à mémoriser la quantité demandée.
- Aller chercher les éléments demandés par l'enseignant pour réaliser sa tête.
  Exemple : poser les yeux, un et encore un, cela fait deux. L'enseignant montre une collection de deux doigts en même temps qu'il dit un et encore un. Il varie les doigts utilisés pour faire deux (pouce-index, index-majeur ou majeur-auriculaire).
  Pour les cheveux, les élèves cherchent beaucoup de pinces à linge.

CONSOLIDATION
Manipulation

● **Étape 3 Associer deux collections ayant le même nombre d'éléments**
- Aller chercher des petites boules de pâte pour fixer les éléments sur les assiettes. Cela permettra de les manipuler sans faire tomber les éléments et de pouvoir les afficher dans la classe pour les mettre en valeur.
- Fixer d'abord les yeux. Combien faut-il de boules de pâte à fixer ? Aller chercher une barquette contenant deux boules de pâte à fixer. Recommencer cette opération pour les autres parties du visage.

DIFFÉRENCIATION

- Pour les élèves qui ont des difficultés à mémoriser, montrer à nouveau la quantité demandée avec les doigts lorsqu'ils prennent le matériel.
- Pour ceux qui ont des difficultés à dénombrer, montrer la collection à réaliser et demander de réaliser une collection identique.

S'APPROPRIER LE LANGAGE

- **Dire** ce que l'on fait.
- **Lexique** Verbes (prendre, compter, manquer, enlever), adverbes (combien, trop, pas assez), adjectifs numéraux (un, deux).

ÉTAPE 2 Mémoriser une petite quantité (1 à 2 éléments)

Les éléments pour réaliser les têtes sont placés sur une table proche.

Pour chaque partie du visage, il faut aller chercher la quantité d'éléments nécessaire.

Deux yeux.

Un nez.

Une bouche.

Deux oreilles.

Et beaucoup de cheveux dessus !

Les deux joues sont dessinées à la fin.

Procédures observées

- Mémorise la quantité demandée.
- Imite ses camarades.
- Prend un élément pour chaque doigt montré par l'enseignant.
- Dénombre les éléments en récitant la comptine.

ÉTAPE 3 Associer deux collections ayant le même nombre d'éléments

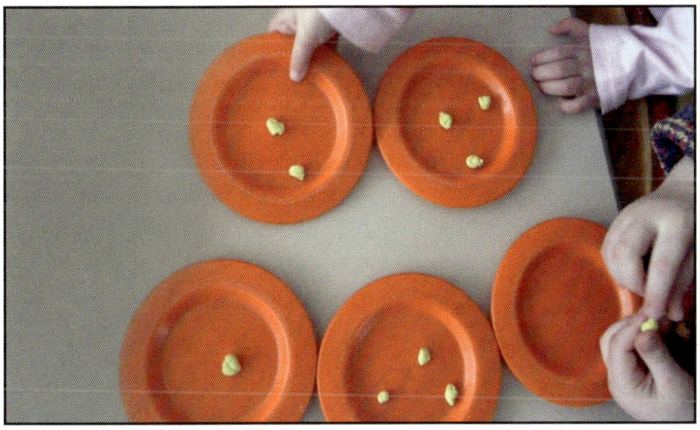
Chercher une assiette qui contient 2 boules de pâte à fixer pour les yeux.

Fixer les éléments et afficher les productions.

DÉNOMBRER DES PETITES QUANTITÉS (1 ET 2)

Le jeu de la chenille

MATÉRIEL

- Des boîtes en plastique transparentes contenant des collections de 0 à 6 perles.
- Des caisses en plastique de couleur identique.
- Le matériel Maxi perles Nathan éducatif.
- Des cartes où sont représentées les constellations du dé et les configurations de doigts de 1 à 2.

ORGANISATION

ÉTAPES 1 ET 2 Une séance de 20 minutes. Atelier de 6 élèves.
ÉTAPE 3 Une séance de 20 minutes. Atelier de 4 élèves.

DÉROULEMENT

DÉCOUVERTE
Manipulation

● ÉTAPE 1 Reconnaître des petites quantités

Chaque élève reçoit une brochette en plastique du matériel Maxi perles.
Des gommettes sont collées sur l'embout de chaque brochette pour représenter la tête d'une chenille.
Pour jouer avec leur chenille, les élèves doivent chercher les perles commandées par l'enseignant.
Les perles sont rangées dans des boîtes transparentes et placées sur une table proche, le magasin de perles.
L'enseignant montre deux doigts et dit « Cherchez 2 perles, comme ça : une et encore une (en montrant un doigt puis l'autre). Cela fait 2 ».

- Chercher une boîte contenant la quantité de perles demandée et les placer sur sa chenille.
  La chenille peut être positionnée horizontalement ou verticalement.
  L'enseignant reconduit cette activité en variant les doigts utilisés pour montrer des quantités de 1 ou 2.

RECHERCHE
Expérimentation

● ÉTAPE 2 Construire des collections de 1 à 2 objets

Pour ranger les perles, l'enseignant propose de les remettre dans les boîtes en réalisant des collections de 1 ou 2 perles. Il demande à un élève de montrer la quantité de doigts (1 ou 2) que l'on doit placer dans chacune des boîtes.

- Prendre la quantité de perles commandée et la placer dans une boîte.
- Classer les boîtes de perles dans des caisses en fonction de leur quantité.
- Dessiner 1 perle puis 2 perles sur une feuille et les placer sur les couvercles des caisses.

CONSOLIDATION
Jeu

● ÉTAPE 3 Jouer au jeu de la chenille

Le but du jeu est de fabriquer une chenille complète.

- Tirer une carte au sort et prendre la quantité de perles qui correspond.
- Enfiler les perles sur sa chenille.
- Le joueur suivant tire une autre carte et effectue les mêmes opérations.

DIFFÉRENCIATION

ÉTAPE 2 Dessiner à la demande des élèves.
ÉTAPE 3 Poser les perles sur la carte pour vérifier qu'on a pris autant de perles que de points sur la carte.

S'APPROPRIER LE LANGAGE

- **Comprendre** une règle du jeu. **Expliquer** ce que l'on fait.
- **Lexique** Verbes (compter, prendre, manquer, enlever, fermer, enfiler), adverbes (combien, trop, pas assez), adjectifs numéraux (un, deux), noms (chenille, perles, tige, doigts, points).
- **Syntaxe** Utiliser le « je » pour passer une commande de perles.

ÉTAPE 1 Reconnaître des petites quantités

Le magasin de perles.

Fabriquer sa chenille quand on pense avoir assez de perles.

ÉTAPE 2 Construire des collections de 1 à 2 objets

Représenter la collection de 2 perles.

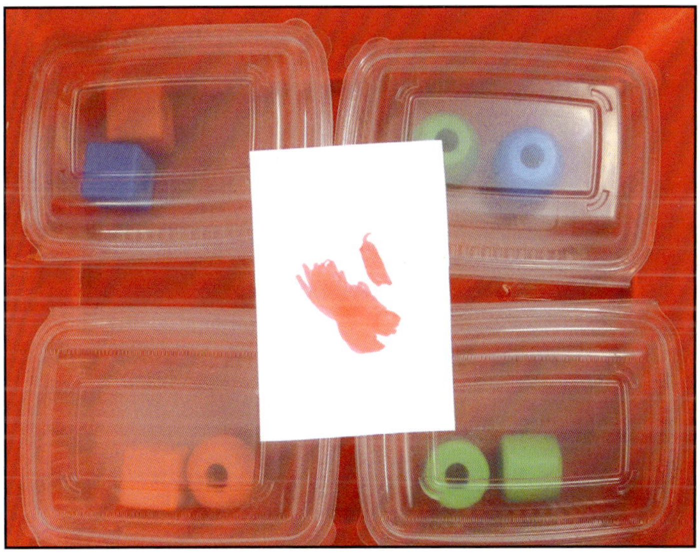

Trier les boîtes et y associer la représentation de la collection de 2 perles.

ÉTAPE 3 Jouer au jeu de la chenille

Tirer une carte au sort et prendre la quantité de perles qui correspond.

Enfiler les perles sur la chenille.

Le but du jeu est d'avoir une chenille complète.

COMPARER DES COLLECTIONS

Le jeu du panier

Pour travailler la notion de collection, deux jeux sont mis en place en parallèle pendant deux semaines. Le premier jeu se déroule pendant les moments d'accueil tandis que le deuxième jeu fait partie des rituels d'un moment de regroupement.

DÉCOUVERTE
Manipulation

Jeu 1 Au coin cuisine

MATÉRIEL

- Des fruits du coin marchande rassemblés sur un plateau.
- 6 personnages assis autour d'une table, 6 assiettes du coin cuisine.

ORGANISATION

Pendant deux semaines à l'accueil jeu avec un groupe de 3 ou 4 enfants dans le coin cuisine de la classe.

DÉROULEMENT

6 personnages (poupées, nounours, poupon...) sont installés autour de la table du coin cuisine.
- Aller chercher des fruits pour les personnages et les déposer dans leur assiette.
  Observer et dire ce que chaque poupée va manger. Constater qu'ils ne mangent pas tous « pareil ».
  Remettre les fruits au magasin. Recommencer.
- Aller chercher les fruits pour que chaque personnage puisse manger la même chose que Pipo, la mascotte de la classe.
- Comparer le contenu de chaque assiette avec celle de Pipo.
- Dire si c'est « pareil » ou « pas pareil », ce qui manque ou ce qui est en trop.

CONSOLIDATION
Jeu

Jeu 2 Le jeu du panier

MATÉRIEL

- Un fruit de chaque sorte : pomme, poire, ananas, banane, mandarine, citron, kiwi, banane, orange, pamplemousse.
- Un panier.

ORGANISATION

À un moment de regroupement (5 minutes maximum), tous les jours, pendant deux semaines.

DÉROULEMENT

- Déposer trois fruits dans le panier, les nommer et fermer le panier.
  Demander à un enfant quels fruits se trouvent dans le panier.
- Rajouter chaque jour un autre fruit dans le panier. Demander aux enfants de nommer tous les fruits qui se trouvent dans le panier. On vérifie en sortant les fruits au fur et à mesure.
  Un fruit est ajouté dans le panier si la classe a été capable de citer tous les fruits du panier.

DIFFÉRENCIATION

Pour aider les élèves à trouver le nom d'un fruit, l'enseignant fait toucher ce fruit à travers le tissu qui recouvre le panier ou il propose une devinette.

S'APPROPRIER LE LANGAGE

- **Énumérer** les éléments d'une collection.
- **Décrire** les fruits du jeu du panier.
- **Lexique** Noms des fruits. Adjectifs (couleur, taille et forme des fruits), verbes (prendre, manquer, enlever, chercher, rapporter), adverbes (pareil, pas pareil, en trop).

JEU 1 Au coin cuisine

Chercher des fruits pour les personnages et les déposer dans leur assiette.

Chercher des fruits pour que chaque personnage puisse manger « pareil » que Pipo.

JEU 2 le jeu du panier

Déposer trois fruits dans le panier, les nommer et fermer le panier.

Demander aux enfants de nommer tous les fruits qui se trouvent dans le panier.

La classe gagne un nouveau fruit si elle réussit à citer tous les fruits de la collection.

À chaque fois, on vérifie en sortant les fruits au fur et à mesure.

COMPARER DES COLLECTIONS

Salade de fruits

MATÉRIEL

- Une corbeille de fruits en plastique du coin dînette ou des fruits réels.
- Des images plastifiées qui représentent des collections de 2 à 4 fruits dans des assiettes.
- Une assiette par élève.

ORGANISATION

Atelier dirigé avec un groupe de 6 enfants.

DÉROULEMENT

DÉCOUVERTE
Manipulation

● Étape 1 S'approprier le problème

Chaque élève choisit une photographie d'une assiette de fruits.
La corbeille de fruits est placée au centre de la table.

- Reconnaître les fruits représentés sur sa photographie. Comprendre que le but est de reconstituer la même collection. Prendre les fruits dans la corbeille et les poser sur son assiette.

RECHERCHE
Expérimentation

● Étape 2 Réaliser une collection identique à un modèle

La corbeille de fruits est placée sur une table éloignée.
Chaque élève reçoit la photographie d'une assiette de fruits.

- Aller chercher les fruits pour réaliser une collection de fruits identique à celle de la photographie. Effectuer plusieurs voyages si besoin.
- Valider en posant les objets sur l'image.

L'enseignant aide à la compréhension du problème en utilisant les termes « pareil que ».
Il observe les différentes procédures des élèves et leurs difficultés.

CONSOLIDATION
Jeu

● Étape 3 Comparer des collections de fruits

Chaque élève choisit une photographie d'une assiette de fruits. Des assiettes sont préparées en bout de table avec des collections de fruits identiques à celles des photographies des élèves.
Le but du problème est de trouver l'assiette de fruits identique (pareille) à celle représentée sur son image.

- Observer son image et les assiettes de fruits placées en bout de table.
- Chercher l'assiette qui contient la même collection de fruits que sur son image.
- Valider en posant les objets sur l'image.

PROLONGEMENT

- Passer une commande orale à la maîtresse. Cette situation oblige les élèves à énumérer les objets de la collection.

DIFFÉRENCIATION

Faire dénombrer les fruits en verbalisant « un citron et encore un citron cela fait deux citrons ».

S'APPROPRIER LE LANGAGE

- **Énumérer** les éléments d'une collection.
- **Constater** le résultat d'une comparaison.
- **Lexique** Verbes (prendre, manquer, enlever, chercher, rapporter), adverbes (pareil, pas pareil), noms des fruits, adjectifs numéraux (1 et 2).
- **Lexique** Phrases du type « Il manque la banane », utilisation du « je » pour jouer à la marchande.

ÉTAPE 1 S'approprier le problème

Photographies d'assiettes de fruits proposées aux élèves.

Autre photographie d'assiette.

Chercher les fruits identiques dans la corbeille et les poser sur son assiette pour valider.

ÉTAPE 2 Réaliser une collection identique à un modèle

Aller chercher des fruits pour réaliser une collection de fruits identique à celle de la photographie. Effectuer si besoin plusieurs voyages.

PROCÉDURES OBSERVÉES

- Identifie les fruits et mémorise visuellement la collection.
- Fait un voyage pour chaque fruit de la collection.
- Fait un voyage pour chaque catégorie de fruits. Cherche d'abord les citrons puis les mandarines.
- Énumère et mémorise le nom des fruits contenus dans l'assiette.
- Mémorise des quantités.
- Fait une correspondance terme à terme entre les objets de la collection.

ÉTAPE 3 Comparer des collections de fruits

Chercher l'assiette qui contient la même collection de fruits que sur son image.

Comparer les deux collections.

Valider en posant les objets sur l'image.

Approcher les quantités et les nombres

RÉALISER UNE DISTRIBUTION

À table !

MATÉRIEL

- Les assiettes, les gobelets, les couverts du coin cuisine et des serviettes.
- Les fruits et les légumes du coin cuisine.

ORGANISATION

Atelier dirigé de 4 à 6 élèves.

DÉROULEMENT

RECHERCHE
Expérimentation

● **Étape 1** **Distribuer 1**

L'activité de distribution est motivée par les jeux au coin cuisine.
Les élèves s'installent tous autour de la table du coin cuisine. Chacun leur tour, ils vont être chargés de distribuer un objet à chaque place.

- Lister les objets à distribuer pour mettre la table et définir les rôles de chacun.
- Commencer par exemple par distribuer une assiette à chaque place.
- Changer de distributeur et d'objet : couteau, fourchette, cuillère, gobelet et serviette.
- Vérifier que la distribution est correcte.

Pour réussir, les élèves doivent décider de l'endroit où débute la distribution, mémoriser la quantité à distribuer, organiser la distribution et savoir où s'arrêter.

RECHERCHE
Expérimentation

● **Étape 2** **Distribuer 2**

- Distribuer 2 citrons à chaque place.
- Recommencer en distribuant 2 mandarines.
- Jouer à distribuer d'autres fruits.

CONSOLIDATION
Situations fonctionnelles

PROLONGEMENTS

Dans la classe, de nombreuses situations fonctionnelles permettent d'effectuer des distributions de 1 ou 2 objets. Les situations de jeux nécessitent souvent une distribution de matériel.

- En salle de jeux, distribuer deux foulards à chaque élève pour effectuer une danse.
- Dans un atelier, distribuer le matériel nécessaire.
- Distribuer des jetons ou des cartes dans un jeu de société.

DIFFÉRENCIATION

Travailler uniquement la distribution d'un seul objet.

S'APPROPRIER LE LANGAGE

- **Dire** ce que l'on fait.
- **Lexique** Verbes (distribuer), noms (vaisselle et fruits), adjectifs numéraux (un, deux).
- **Syntaxe** Construire des phrases complexes (Je donne... à ...).

ÉTAPE 1 Distribuer 1

Distribuer une fourchette à chaque place.

Distribuer une cuillère.

PROCÉDURES OBSERVÉES
- Distribue sans organisation et complète si besoin.
- Effectue la correspondance terme à terme.
- Organise la distribution : départ et sens de distribution.

ÉTAPE 2 Distribuer 2

Distribuer 2 citrons à chaque place.

Distribuer 2 mandarines.

PROCÉDURES OBSERVÉES
- Distribue d'abord un fruit à chaque place puis recommence pour distribuer le deuxième.
- Distribue un ou deux puis régule.
- Prend chaque assiette pour aller chercher deux fruits.
- Distribue deux à chaque place.

DIFFÉRENCIER DES SOLIDES GÉOMÉTRIQUES

Formes en 3D

MATÉRIEL

- Des éléments des jeux de construction.
- Une barquette pour chaque élève.
- Des boîtes avec un couvercle plastique découpé pour laisser passer une main.

ORGANISATION

Atelier dirigé de 4 à 6 élèves.

DÉROULEMENT

Les élèves ont découvert les jeux de construction lors de moments d'exploration libre. Ils réalisent des empilements, des cheminements et des assemblages plus complexes.

RECHERCHE
Observation

Étape 1 Apparier visuellement 2 solides identiques

Le jeu de construction utilisé dans cette étape est composé de pièces de couleur identique dans une seule matière. L'enseignant a placé des pièces de ce jeu de construction dans une boîte. Il les sort l'une après l'autre.

- Chercher sur la table la même pièce que celle montrée par l'enseignant. Vérifier puis la placer dans sa barquette.
- Recommencer avec un jeu de construction composé de pièces identiques par la forme et la taille mais qui diffèrent par la couleur. Cela permet de mettre en évidence que la couleur est une propriété indépendante de la forme.

RECHERCHE
Manipulation

Étape 2 Apparier 2 solides identiques par le toucher

Chaque élève reçoit une grande boîte. Le couvercle de cette boîte est troué pour permettre le passage d'une main d'enfant et des objets. Ce dispositif oblige les élèves à utiliser leur sens tactile pour reconnaître les objets contenus dans la boîte.

- Chercher dans sa boîte la même pièce que celle montrée par l'enseignant.
- Chercher dans deux boîtes les solides identiques.

CONSOLIDATION
Manipulation

Étape 3 Trier des cubes

Les solides utilisés dans cette étape sont de différentes tailles, couleurs, formes et matières.

- Trier tous les cubes et les mettre dans son plateau. Réaliser une construction avec tous les cubes. Constater que ces cubes ont tous la même forme mais qu'ils diffèrent par la taille et la couleur.
- Reproduire la même activité avec des cylindres puis avec des prismes ou des pyramides.

DIFFÉRENCIATION

- Demander aux élèves d'aller chercher les pièces sur une table éloignée.
- L'étape 2 est plus complexe pour les élèves.

S'APPROPRIER LE LANGAGE

- **Décrire** un objet en précisant sa taille, sa forme et sa couleur.
- **Lexique** Noms des formes en deux ou trois dimensions (cube, carré, rond), adjectifs (couleur et taille).

ÉTAPE 2 Apparier des solides identiques par le toucher

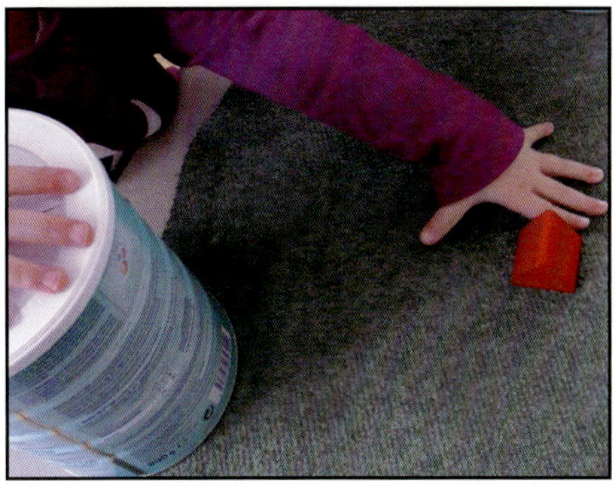

Observer la pièce donnée ou montrée par l'enseignant.

Chercher la pièce dans sa boîte.

Sortir la pièce lorsqu'on pense l'avoir trouvée.

Chercher deux solides identiques.

L'élève approche les deux solides pour vérifier qu'ils sont identiques. Il associe deux faces identiques.

ÉTAPE 3 Trier des solides géométriques

Trier tous les cubes et les mettre dans son plateau.

Réaliser une construction avec tous les cubes.

Activités complémentaires

Développer sa pensée logique LE MAGASIN DE FRUITS

- Classer des objets selon un critère donné.

Ranger ses citrons et ses mandarines.

MATÉRIEL

- Des fruits et des légumes du coin cuisine.
- Des bacs de rangement.

ORGANISATION

Atelier dirigé de 6 élèves.

CONSIGNES

Après avoir joué au coin cuisine, les élèves doivent ranger leur matériel.
Le nombre d'élèves est supérieur au nombre de bacs de rangement.

- Ranger ses citrons et ses mandarines dans les bacs apportés par l'enseignant.

Chaque élève range ses fruits dans un bac différent. Le groupe se rend alors compte que deux élèves n'ont pas de bac et propose de mettre les fruits identiques dans le même bac.

- Classer les autres fruits du coin cuisine dans des bacs.
- Jouer au jeu de l'intrus. Un intrus est placé par l'enseignant dans chaque bac, il faut le repérer. Un élève se charge ensuite de placer 1 ou 2 intrus.
- Le classement réalisé sera utilisé dans les jeux et facilitera certaines recherches.

Classer les autres fruits.

Jouer au jeu de l'intrus.

Développer sa pensée logique LE JEU DES COULEURS

- Trier des objets selon un critère donné.
- Lire un dé.
- Tenir compte de deux contraintes.

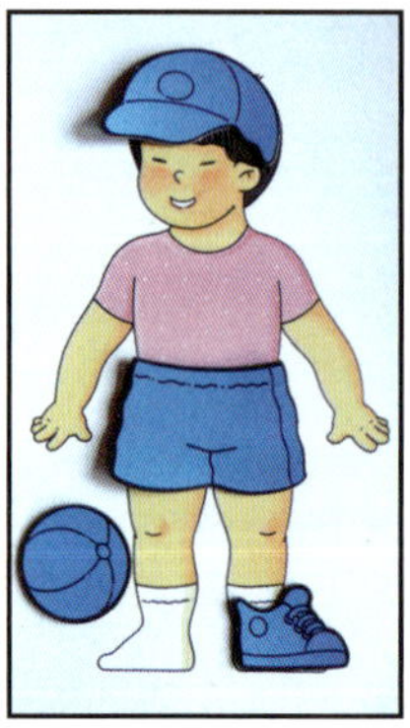
Trier les vêtements par couleur.

Habiller son personnage en respectant les consignes des deux dés.

MATÉRIEL

- Le jeu des couleurs Nathan éducatif.

ORGANISATION

Atelier autonome de 6 élèves.

CONSIGNES

- Habiller librement son personnage.
- Habiller son personnage avec des vêtements d'une seule couleur.
- Lancer les deux dés et habiller son personnage en respectant les consignes liées à la forme et à la couleur. Le but est d'habiller entièrement son personnage.

Découvrir les formes et les grandeurs

ENCASTREMENTS COMPLEXES

- Réaliser des encastrements de 4 à 12 pièces.
- Réaliser des puzzles-encastrements de 2 pièces.

Formes figuratives ou géométriques sans modèle.
4 à 8 pièces.

Formes figuratives
sans modèle. 2 pièces.

Formes figuratives
sans modèle. 8 à 12 pièces.

Formes figuratives sans modèle. Pièces à orienter et à retourner.
4 à 8 pièces.

Formes géométriques dans différentes couleurs.

Développer sa pensée logique

ABAQUES DE TRI

- Trier des objets selon un critère donné.

MATÉRIEL

- Abaques et objets à trier.

ORGANISATION

Atelier dirigé de 6 élèves.

CONSIGNES

- Trier les objets selon le critère couleur en les plaçant sur la tige de son choix.
- Placer les objets sur la tige où est collée une gommette de la couleur correspondante.

Développer sa pensée logique

LES BOULONS

- Apparier des objets selon un critère donné.

MATÉRIEL

- Gros boulons de tri.

ORGANISATION

Atelier dirigé de 6 élèves.

CONSIGNES

- Apparier les boulons selon le critère de couleur.
- Apparier les boulons selon le critère de forme.

Découvrir les formes et les grandeurs TRI DE SOLIDES

- Classer des solides géométriques.

MATÉRIEL

- Jeux de construction en mousse avec formes identiques dans des couleurs variées.

CONSIGNES

- Trier des solides selon le critère forme et construire une maison à l'aide de ces formes.

Rituels pour apprendre à compter

Ces rituels sont pratiqués quotidiennement avec une demi-classe ou la classe entière.
Ces rituels permettent de développer les compétences numériques des élèves mais aussi celles de raisonnement et d'attention. C'est un moment spécifique dans la journée bien repéré par les élèves. Il a une durée de 5 à 10 minutes.

Jeux de doigts

- Coordonner ses gestes.

– S'aider de l'autre main pour bloquer les doigts.

LA PETITE SOURIS

Une petite souris est passée par ici.
Celui-ci l'a vue. *(montrer le pouce)*
Celui-ci l'a attrapée. *(l'index)*
Celui-ci l'a fait cuire. *(le majeur)*
Celui-ci l'a mangée... *(l'annulaire)*
"Et moi", dit le tout petit,
"on m'oublie ?" *(l'auriculaire)*

Comptines numériques

- Réciter la suite orale des nombres jusqu'à 3.

MONSIEUR L'OURS

Monsieur l'ours, réveille-toi,

Tu as bien trop dormi, déjà,

Au bout de trois, réveille-toi,
1,2,3.

J'AI TROIS ANS

1, 2, 3, j'ai trois ans,

1, 2, 3, je suis grand.

J'aime bien apprendre à parler.

J'aime bien apprendre à chanter.

J'aime bien apprendre à compter.

1, 2, 3, j'ai trois ans,

1, 2, 3, que c'est amusant.

Le jeu du miroir (2)

- Développer l'attention et l'observation.
- Apparier des gestes. Faire « pareil que ».

Dans les jeux proposés l'objectif n'est pas de travailler la latéralité. Les élèves peuvent donc choisir la main qu'ils veulent pour reproduire le geste de l'enseignant.

- Reproduire les mêmes gestes que l'enseignant : lever une main en l'air et mettre l'autre devant sa bouche, cacher une main derrière le dos et l'autre sur le ventre, lever un pied et une main.

Loup y es-tu ?

- Énumérer les éléments d'une collection.

Les élèves ont joué à « Loup y es-tu ? » en salle de jeux à partir de l'album « Je m'habille et je te croque ! ».

- Énumérer la liste des vêtements du loup : culotte, tee-shirt, chaussette, pantalon, pull, bottes, chapeau, manteau. Ces habits sont rangés dans une valise.
- Jouer au jeu de Kim. L'enseignant sort trois habits. Les élèves doivent énumérer ceux qui sont restés dans la valise.

Je m'habille...et je te croque !
Bénédicte Guettier. Lutin poche. 2009

La valise du loup

- Mémoriser le plus grand nombre d'objets possibles d'une collection.

Demander aux élèves de nommer tous les habits qui se trouvent dans la valise du loup. On vérifie en sortant les habits au fur et à mesure et en les plaçant sur la silhouette du loup.

Ensuite le jeu devient plus complexe. Chaque jour, un objet est ajouté dans la valise. Si la classe a été capable de citer tous les objets contenus dans la valise, l'enseignant ajoute un nouvel objet. Exemples d'objets ajoutés : une chemise, des lunettes, une cravate, une brosse à dents, une serviette, un tube de dentifrice ou une écharpe. La collection peut compter entre 10 et 15 objets au bout de plusieurs jours.

Jeux mathématiques

Rafle de chaussettes

- Réaliser des appariements visuels en tenant compte de plusieurs propriétés.

MATÉRIEL

- 1 monstre.
- 8 cartes monstre.
- 48 cartes chaussettes.

BUT DU JEU

Retrouver les paires de chaussettes identiques pour gagner des cartes monstre.
Ce jeu existe aussi dans une version avec des chaussettes en bois.

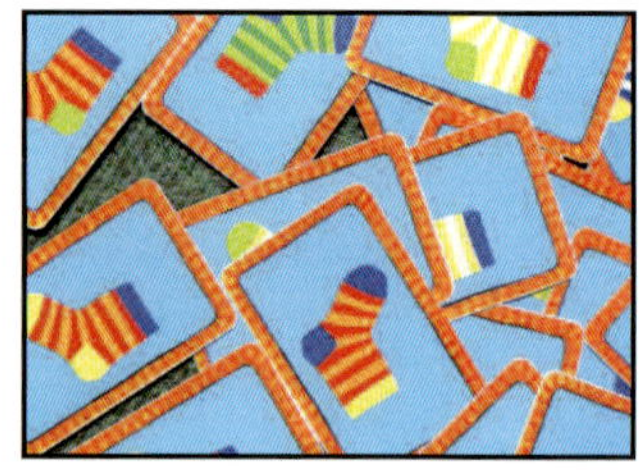

Rafle de chaussettes. Haba

Boutons de tri

- Réaliser des tris et des classements.

MATÉRIEL

- 40 boutons colorés : 4 couleurs différentes et 5 modèles de trous.

BUT DU JEU

Réaliser des colliers en effectuant des tris par couleur. Jouer à des jeux de paires.
Plus tard dans l'année, réaliser des tris en fonction du nombre de trous.

Fun buttons. Galt

Halli galli junior

- Tenir compte de deux propriétés.

MATÉRIEL

- 1 sonnette.
- 54 cartes.

BUT DU JEU

Retrouver les clowns gais identiques le plus rapidement possible en faisant attention à ne pas se laisser piéger par le clown triste qui ressemble beaucoup aux clowns gais.

Halli Galli. Gigamic

À nous les anneaux

- Apparier des objets identiques.

MATÉRIEL

- 3 bonhommes en bois de 3 couleurs (rouge, bleu, jaune).
- 9 anneaux en bois de 3 couleurs (rouge, bleu, jaune) et de 3 tailles.
- 1 gros dé couleur.

BUT DU JEU

Donner à son bonhomme les 3 anneaux de sa couleur en manipulant un ordre de taille décroissante.

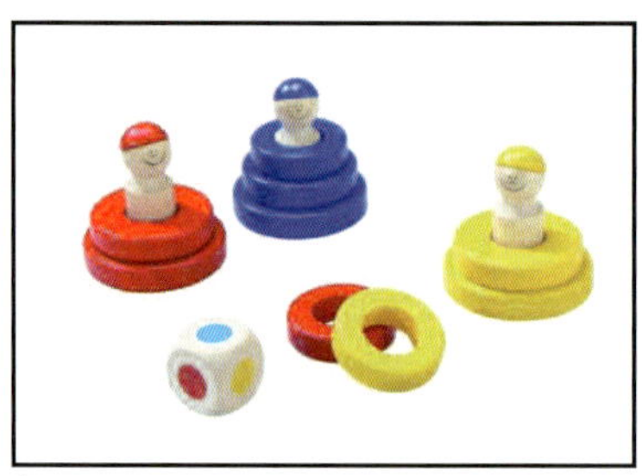

À nous les anneaux. Haba

Chipe-couverture

- Apparier des objets selon leur couleur.
- Lire un dé.

MATÉRIEL

- 20 plaquettes avec des lutins endormis de 5 couleurs.
- 20 plaquettes avec des couvertures.
- 1 plaquette avec le chipe-couverture.

Chipe-couverture. Selecta spiel

BUT DU JEU

Lancer le dé pour obtenir les couvertures pour ses lutins endormis avant le chipe-couverture.

PÉRIODE 3 janvier - février

SE SITUER PAR RAPPORT À DES OBJETS

Les cartons

MATÉRIEL

- Cartons d'emballage suffisamment grands pour que les enfants puissent s'y dissimuler entièrement. Le fond est bloqué. La hauteur des côtés doit correspondre à un entrejambe d'enfant pour qu'il ne se blesse pas en entrant. Un carton au moins par enfant.
- La mascotte de la classe.

ORGANISATION

Activité menée en salle de jeux avec l'ensemble de la classe.

DÉROULEMENT

Cette activité avec des cartons se déroule dans le cadre d'un cycle d'activités dans le domaine « Agir et s'exprimer avec son corps ».

DÉCOUVERTE
Motricité

Étape 1 S'approprier le matériel

- Jouer avec les cartons. Mettre en commun les trouvailles et imiter ses camarades.

L'enseignant observe toutes les actions entreprises. Quelles sont les actions spontanées ? Celles qui enrôlent ? Celles auxquelles on n'avait pas pensé ? Quels jeux de rôle sont à l'œuvre ? Comment le carton est-il manipulé ? Toutes ces observations seront traduites par autant de variables à proposer en consignes à vivre collectivement plus tard dans une séance plus dirigée.
Ce cycle d'activités permet de développer certaines habiletés motrices (ex : tirer-pousser) et débouche sur des activités d'expression.

DÉCOUVERTE
Motricité

Étape 2 Imiter la mascotte de la classe

La mascotte de la classe propose une position que les élèves doivent reproduire.

- Imiter la mascotte de la classe et se placer comme elle par rapport au carton. Utiliser le vocabulaire spatial correspondant : sur, sous, dans, devant, derrière, à côté, entre.

CONSOLIDATION
Motricité

Étape 3 Jouer à « Jacques a dit »

La mascotte se cache derrière un plinthe pour jouer avec un carton. Les élèves ne voient plus ce qu'elle fait. Un élève est chargé d'aller voir sa position par rapport au carton et de le rapporter au groupe.

- Suivre les indications de son camarade. La validation s'effectue en déplaçant le plinthe pour comparer avec la position de la mascotte.
- Jouer à « Jacques a dit ». Le meneur de jeu fait face aux joueurs. Il donne un ordre précédé de la phrase « Jacques a dit ».

DIFFÉRENCIATION

Les situations mises en place par l'enseignant doivent permettre à chaque enfant de choisir son niveau de difficulté, de tenter de nombreux essais en toute sécurité, de regarder comment les autres agissent.

S'APPROPRIER LE LANGAGE

- **Indiquer** sa position dans l'espace.
- **Lexique** Utiliser le vocabulaire spatial pour se situer par rapport au carton : sur, sous, dans, devant, derrière, entre, à côté.
- **Syntaxe** Utiliser « je suis ... ». Produire des phrases en utilisant des indicateurs spatiaux.

ÉTAPE 2 Imiter la mascotte de la classe

Les élèves imitent la mascotte. Ils se placent dans le carton.

Les élèves imitent la mascotte. Ils se placent sur le carton.

Les élèves imitent la mascotte. Ils se placent sous le carton.

Se repérer dans l'espace

SE DÉPLACER SUR UN JEU DE PISTE

Ludanimo

MATÉRIEL

- Le jeu Ludanimo de Djeco : 13 solides en carton (cubes, cylindres et prismes), un dé avec 3 couleurs (vert, bleu, rouge), 6 animaux en plastique (poule, cochon, lapin, chat, chien, vache), un dé avec les 6 animaux.
- Un plateau de jeu réalisé par l'enseignant.

ORGANISATION

Atelier dirigé avec 4 à 6 élèves.

DÉROULEMENT

DÉCOUVERTE
Manipulation

ÉTAPE 1 Déplacer un personnage jusqu'à une case donnée

- Construire deux chemins distincts avec les éléments du Ludanimo : cubes, cylindres et prismes. Chaque chemin est formé avec 6 éléments. La fin des deux chemins est matérialisée par un parc pour les animaux. Quatre animaux sont déjà placés dans le parc et attendent leurs copains. Seuls le chat et le cochon vont se déplacer sur les chemins.
- Repérer le départ et l'arrivée des deux chemins. Repérer les ronds de couleur sur les éléments des chemins. Placer le chat et le cochon au départ de leur chemin.
- Jouer pour comprendre la règle de déplacement. Le cochon et le chat se déplacent chacun leur tour. Lancer le dé des couleurs et avancer le personnage jusqu'à l'élément suivant dont la couleur est donnée par le dé. Le but du jeu est de savoir quel animal (le cochon ou le chat) va arriver le premier au parc.

CONSOLIDATION
Manipulation

ÉTAPE 2 Jouer avec deux dés

- Construire un seul chemin avec l'ensemble des éléments du Ludanimo et utiliser le dé des couleurs et le dé des animaux. Placer les 6 animaux au départ.
- Lancer les deux dés et déplacer l'animal indiqué par le dé selon la même règle que dans l'étape 1.
- Comparer la progression de chaque animal. Quel animal est le plus près de l'arrivée ?

Le but du jeu est de savoir quel animal va arriver le premier au parc.

CONSOLIDATION
Manipulation

ÉTAPE 3 Déplacer un personnage sur un parcours représenté

- Dessiner 4 chemins de couleurs sur un support en carton. Sur chaque chemin, coller 12 formes colorées en répétant un rythme rouge, vert et bleu. Placer un animal au départ de chaque chemin. Deux animaux sont déjà placés dans le parc et attendent leurs copains. Utiliser uniquement le dé des couleurs. Les animaux se déplacent chacun leur tour.
- Reconnaître les éléments du jeu des étapes 1 et 2. Repérer le début et la fin de chaque chemin. Indiquer le sens du parcours.
- Lancer le dé des couleurs et avancer l'animal jusqu'à la case la plus proche de cette couleur.

Le but du jeu est de savoir quel animal va arriver le premier au parc.

S'APPROPRIER LE LANGAGE

- **Comprendre** une règle du jeu. Décrire une position sur un parcours.
- **Lexique** Noms (début, fin, départ, arrivée), verbes (avancer, arriver, dépasser, doubler, attendre), adverbes (près, loin, devant, derrière).
- **Syntaxe** Utiliser des prépositions (jusqu'à) et des comparatifs (plus près de).

ÉTAPE 1 Déplacer un personnage jusqu'à une case donnée

Le dé présente la face rouge. Le chat doit se déplacer jusqu'au prochain rond rouge juste avant le parc.

Qui du cochon ou du chat va arriver le premier au parc ?

ÉTAPE 2 Jouer avec deux dés

L'élève a lancé les deux dés. Il obtient les faces : lapin et vert.

Il doit déplacer le lapin jusqu'au prochain rond vert.

ÉTAPE 3 Déplacer un personnage sur un parcours représenté

Représenter 4 chemins de couleurs sur un support en carton.

Le lapin doit se déplacer jusqu'à la case bleue.

Petit ours a 3 ans

MATÉRIEL

- Un ours en peluche.
- Des éléments du jeu Poly M et Clippo.
- De la pâte à modeler et des bâtonnets de couleur.

ORGANISATION

Atelier avec 4 à 6 élèves.

DÉROULEMENT

DÉCOUVERTE
Manipulation

ÉTAPE 1 Compter jusqu'à 3 en associant le geste au mot

- La comptine est présentée par l'enseignant qui construit un gâteau d'anniversaire à Petit ours avec des éléments du jeu de construction Poly M.

Bon anniversaire Petit ours !
1 an (poing fermé, sortir le pouce)
2 ans (sortir l'index)
3 ans (sortir le majeur)
Bon anniversaire, Petit ours !

- Réciter la comptine en montrant 1 puis 2 et 3 avec ses doigts. Un élève est chargé de fabriquer le gâteau d'anniversaire au fur et à mesure. Il place une, une et encore une bougie sur le gâteau.

RECHERCHE
Expérimentation

ÉTAPE 2 Réaliser des collections de 3 bougies

- Fabriquer des gâteaux d'anniversaire pour Petit ours avec le matériel proposé.

Pour aider les élèves, l'enseignant parle des nombres en les décomposant : « Un, un et encore un, cela fait trois. Tu as trois bougies. » Il montre en même temps une collection de trois doigts.

- Vérifier que tous les gâteaux ont bien 3 bougies. L'enseignant incite les élèves à dénombrer les bougies en synchronisant la récitation de la comptine et le pointage des bougies avec le doigt.

DIFFÉRENCIATION

Un modèle de gâteau avec trois bougies est proposé aux élèves qui en ont besoin.

S'APPROPRIER LE LANGAGE

- **Dire** la comptine.
- **Lexique** Noms et adjectifs numéraux (un, deux, trois), noms (bougie, gâteau, anniversaire), préposition (sur).
- **Syntaxe** Phrases du type « Il en manque » , « Il y en a trop », « Il y en a assez », « Il n'y en a pas assez ».

ÉTAPE 1 Compter jusqu'à 3 en associant le geste au mot

2 ans *(sortir l'index)*.

3 ans *(sortir le majeur)*.

Bon anniversaire, Petit ours !

ÉTAPE 2 Réaliser des collections de 3 bougies

Fabriquer des gâteaux d'anniversaire pour Petit ours avec le matériel proposé.

Pour aider les élèves, l'enseignant parle des nombres en les décomposant : «Un, un et encore un, cela fait trois. Tu as trois bougies ». Il montre en même temps une collection de trois doigts.

Le jeu des gâteaux

MATÉRIEL

- 3 gâteaux d'anniversaire (en pâte à modeler ou Clippo ou Poly M) pour chaque élève.
- Des petites boîtes contenant des objets représentant les bougies.
- Un dé traditionnel avec les constellations 1, 2 et 3.

ORGANISATION

Atelier dirigé avec 4 à 6 élèves.

BUT DU JEU

Mettre trois bougies sur chacun de ses gâteaux.

DÉCOUVERTE
Manipulation

RÈGLE DU JEU 1

Chaque joueur reçoit 3 gâteaux fabriqués avec du matériel issu de jeux de construction ou réalisés avec de la pâte à modeler. Chaque joueur reçoit aussi une boîte contenant une quinzaine d'éléments représentant les bougies.

- Lancer le dé (constellations 1, 2, 3 traditionnelles) chacun son tour et placer les bougies sur les gâteaux de son choix sachant qu'il ne faut pas plus de 3 bougies sur chaque gâteau. Pour terminer la partie, il doit réussir à compléter chacun de ses gâteaux avec 3 bougies sans dépasser ce nombre. Il ne doit pas lui rester de bougies.
  Exemple. Le joueur lance le dé et obtient 2. Il prend 2 bougies dans sa boîte et complète les gâteaux sans dépasser 3.

Variante. Jouer avec un dé présentant les configurations de doigts de 1 à 3.

CONSOLIDATION
Manipulation

RÈGLE DU JEU 2

Jouer sans dé. Les bougies sont rangées dans des sachets par paquets de 1 ou de 2. Ces sachets sont placés dans une grande boîte opaque.

- Tirer au sort un sachet de bougies. Prendre les bougies ou les remettre dans la boîte sachant que les bougies obtenues doivent toutes être placées sur le même et seul gâteau.
  Exemple. Si on tire un sachet de deux bougies, il ne peut être placé que sur un gâteau sans bougie ou avec 1 bougie.

DIFFÉRENCIATION

Marquer si besoin les emplacements des bougies pour les élèves qui en ont besoin.

S'APPROPRIER LE LANGAGE

- **Comprendre** une règle du jeu.
- **Lexique** Noms et adjectifs numéraux (un, deux, trois). Utiliser les termes « trop », « pas assez » « encore ».
- **Syntaxe** Utiliser des pronoms démonstratifs pour désigner les gâteaux (celui-ci, celui-là).

RÈGLE DU JEU 1

Cet élève prend la quantité de bougies indiquée par le dé.

Il décide de placer ses deux bougies sur le même gâteau.

Cet élève complète un gâteau pour qu'il ait 3 bougies.

La bougie qui reste est placée sur un gâteau sans bougie.

D'autres élèves répartissent les bougies de manière plus aléatoire.

Pour vérifier, certains élèves commencent à dénombrer les bougies en synchronisant la récitation de la comptine numérique et le pointage des bougies avec le doigt.

Approcher les quantités et les nombres

DÉNOMBRER DES PETITES QUANTITÉS (1 À 3)

Les cadeaux de Petit ours

MATÉRIEL

- Des petits objets de la classe (petites voitures, petits avions, crayons, nounours, feutres, balles).
- Des boîtes transparentes et des caisses de rangement.

ORGANISATION

Atelier dirigé de 6 élèves.

DÉROULEMENT

Ces activités sont destinées à consolider les apprentissages réalisés au cours des séances « Petit ours a trois ans » et « Le jeu des gâteaux ».

CONSOLIDATION
Manipulation

Étape 1 **Chercher toutes les collections de 3 objets**

Pour son anniversaire Petit ours va recevoir des cadeaux. Des collections de 1 à 8 objets (petites voitures, crayons de couleur, petits avions, nounours, balles) sont placées dans des boîtes transparentes et alignées sur des bancs pour former le magasin de cadeaux. Comme Petit ours a trois ans, il ne recevra que les boîtes qui contiennent 3 cadeaux.

- Aller chercher une boîte qui contient 3 cadeaux. Revenir à sa place et vérifier avec les autres enfants du groupe que chaque boîte rapportée contient bien 3 cadeaux.

L'enseignant incite les élèves à dénombrer les objets en synchronisant la récitation de la comptine et le déplacement des objets. Le déplacement aide les élèves à bien distinguer les objets comptés de ceux qui ne le sont pas encore.

CONSOLIDATION
Manipulation

Étape 2 **Construire des collections de 1 à 3 objets**

Pour pouvoir jouer avec le magasin des cadeaux, il faut préparer de nouvelles boîtes.

- Construire les collections de cadeaux demandées par l'enseignant.

Exemple. Si l'enseignant veut des boîtes contenant 2 cadeaux, il montre deux doigts en disant : « J'en veux un et encore un. Cela fait deux. » Tous les élèves construisent en même temps une collection de deux objets.

CONSOLIDATION
Manipulation

Étape 3 **Jouer à la marchande**

- Mettre ensemble toutes les collections qui contiennent la même quantité d'objets. Les classer dans des caisses et une étiquette (constellations du dé et de doigts) pour savoir ce que contient chaque caisse.
- Utiliser les boîtes pour jouer à la marchande avec des collections de 1 à 3 cadeaux. Plusieurs élèves jouent en parallèle le rôle des marchands et des clients. L'enseignant joue avec les élèves pour apporter le langage nécessaire.

DIFFÉRENCIATION

Pour aider les élèves, l'enseignant parle des nombres en les décomposant : « Un, un et encore un, cela fait trois. Tu as trois crayons. » Il montre en même temps une collection de trois doigts.

S'APPROPRIER LE LANGAGE

- **Formuler** une demande.
- **Lexique** Noms et adjectifs numéraux (un, deux, trois), noms des objets utilisés pour les cadeaux.
- **Syntaxe** Formuler une demande dans le cadre du jeu de la marchande : « Bonjour, je voudrais... ».

ÉTAPE 1 Chercher toutes les collections de 3 objets

Les cadeaux sont rassemblés dans le magasin de jouets.

Aller chercher une boîte qui contient 3 objets.

Procédures observées
- Utilise la comptine pour dénombrer les objets.
- Pointe les objets pour les dénombrer.
- Déplace les objets comptés de ceux qui restent à dénombrer.
- Synchronise la récitation de la comptine et le pointage des objets par la main ou le déplacement des objets comptés.
- Arrête le dénombrement une fois que tous les objets sont comptés.
- Reconnaît les collections de trois.

ÉTAPE 2 Construire des collections de 1 à 3 objets

Construire une collection contenant deux cadeaux.

Classer les boîtes en fonction des quantités.

Procédures observées
- Prend une poignée d'objets et retire ceux qui sont en trop.
- Prend les objets un à un en les comptant.
- Utilise la comptine pour dénombrer les objets.
- Pointe les objets pour les dénombrer.
- Synchronise la récitation de la comptine et le pointage des objets par la main ou le déplacement des objets comptés.
- Arrête le dénombrement une fois que la quantité demandée est atteinte.

RANGER DES OBJETS SELON LEUR TAILLE

Les tours

MATÉRIEL

- Les gros blocs de mousse de la salle de jeux.
- Des grosses briques en plastique, des cubes en mousse.
- La mascotte de la classe.

ORGANISATION

Atelier dirigé de 4 à 6 élèves.

DÉROULEMENT

DÉCOUVERTE
Motricité

ÉTAPE 1 Construire une tour plus grande que soi

Les élèves ont transporté tous les blocs de mousse de l'école pour former un gros tas de blocs au milieu de la salle de jeux.

- Jouer librement avec les blocs de mousse. Certains élèves réalisent des empilements de formes.
- Construire une tour qui soit plus grande que soi. Comparer sa taille avec celle de la tour en se plaçant à côté d'elle. Utiliser les termes « plus grand » et « plus petit ».

RECHERCHE
Expérimentation

ÉTAPE 2 Construire une tour plus grande qu'un objet

En classe, chaque élève reçoit une caisse de cubes ou de briques pour construire des tours.

- Construire une tour plus grande que la mascotte de la classe. Comparer la taille de la tour et de la mascotte en les plaçant côte à côte. Utiliser les termes « plus grand » et « plus petit ».
- Construire une tour moins grande que la mascotte de la classe. Comparer la taille de la tour et de la mascotte en les plaçant côte à côte.

PROLONGEMENTS

Le quotidien de la classe peut offrir de nombreuses occasions de classement et de comparaison d'objets.

- Ranger les ustensiles du coin cuisine selon leur taille.
- Jouer avec des encastrements qui abordent la notion de grandeur.
- Comparer les tailles de colliers réalisés en classe.
- Comparer des bandes « toises » après une séance de mesurage.

S'APPROPRIER LE LANGAGE

- **Lexique** Adjectifs (grand, petit, haut).
- **Syntaxe** Utiliser des comparatifs (plus grand que, plus petit que).

ÉTAPE 1 Construire une tour plus grande que soi

Comparer sa taille avec celle de la tour en se plaçant à côté d'elle.

ÉTAPE 2 Construire une tour plus grande qu'un objet

Construire une tour plus grande que la mascotte de la classe.

Comparer la taille de la tour et de la mascotte en les plaçant côte à côte.

RANGER DES OBJETS SELON LEUR TAILLE

On se déguise !

MATÉRIEL

- Des objets de tailles différentes disponibles au coin déguisement : pulls, chemises, pantalons, jupes, vestes, chaussures, gants, sacs à main, ceintures, chapeaux.
- 3 personnages (poupées, marionnettes, nounours...) de tailles différentes et leurs habits.

ORGANISATION

Atelier de 4 à 6 enfants.

DÉROULEMENT

● Étape 1 Distinguer ce qui est trop grand, trop petit ou de la bonne taille

DÉCOUVERTE
Manipulation

Jouer au coin déguisement
Utiliser les objets mis à disposition au coin déguisement et jouer librement.
- Constater que certains habits sont trop petits, trop grands ou de la bonne taille : comparer la longueur des manches et des bras, des pantalons et des jambes, la taille des pieds avec les chaussures choisies, des mains avec les gants.
- S'habiller uniquement avec des habits trop petits ou des habits trop grands.

● Étape 2 Classer et ranger selon la taille

RECHERCHE
Expérimentation

Habiller les poupées
La motivation peut être le renouvellement de la garde-robe des poupées, l'organisation du coin poupées ou encore la préparation des valises des poupées qui vont partir en vacances.
- Habiller les poupées pour vérifier que l'habit correspond bien à la taille de la poupée.
- Poser l'habit sur la poupée avant de l'habiller pour anticiper le résultat.

CONSOLIDATION
Manipulation

Comparer les tailles
Comparer la taille de deux habits de poupées (2 pulls, 2 pantalons...) et dire lequel est le plus petit ou le plus grand des deux par essai sur les poupées ou superposition des habits et comparaison directe.
- Ranger trois habits identiques du plus petit au plus grand par superpositions successives.

PROLONGEMENTS

Le quotidien de la classe peut offrir de nombreuses occasions de classement et de comparaison d'objets.
- Mettre ensemble les rails du jeu du train qui sont de la même taille.
- Classer les éléments d'un jeu de construction de type Meccano selon leur taille.
- Réaliser des collages en superposant des formes identiques mais de tailles différentes.

S'APPROPRIER LE LANGAGE

- **Lexique** Noms des habits (pantalon, jupe, robe, veste, chapeau, casquette, ceinture, gant...), noms des parties du corps (bras, tête, jambe, pied, ventre, main), verbes (habiller, enfiler, mettre).
- **Syntaxe** Utiliser des comparatifs (trop grand, trop petit, plus long que, plus court que, plus grand que, plus petit que).

ÉTAPE 1 Distinguer ce qui est trop grand, trop petit ou de la bonne taille

Constater que certains habits sont trop petits.

Constater que certains habits sont trop grands.

ÉTAPE 2 Classer et ranger selon la taille

Poser l'habit sur la poupée avant de l'habiller pour vérifier que l'habit correspond bien à la taille de la poupée.

Ranger trois habits identiques du plus petit au plus grand par superpositions successives.

Les objets gigognes

MATÉRIEL

- 8 objets gigognes pour chaque élève.
- Une boîte en carton pour chaque élève. Les dimensions de cette boîte doivent inciter les élèves à ranger les objets gigognes selon leur taille.

ORGANISATION

Atelier dirigé de 4 à 6 élèves.

DÉROULEMENT

RECHERCHE
Manipulation

ÉTAPE 1 **Réaliser la plus grande tour possible**

- Jouer librement avec 8 objets gigognes.
- Comprendre la consigne de l'enseignant et la reformuler : réaliser la plus haute tour possible avec les 8 objets gigognes.
- S'approprier le but du problème. L'enseignant construit une petite tour en dehors du regard des enfants puis la montre. Les élèves comprennent vite qu'ils vont faire mieux.
- Résoudre le problème par essais et ajustements. L'enseignant incite les élèves à chercher, à réfléchir et à verbaliser ce qu'ils font.

Tous les élèves réussissent à construire une tour. La solution du problème se trouve dans la mise en ordre, le rangement ou la sériation des objets.

- Echanger ses objets gigognes avec un camarade et essayer de nouveau de construire une tour la plus haute possible. Cette phase où les élèves font et refont ce qu'ils ont déjà essayé est très importante. Ils prennent conscience du pouvoir que leur donne un savoir-faire. Ils trouvent ainsi la motivation pour aborder de nouveaux apprentissages.

CONSOLIDATION
Manipulation

ÉTAPE 2 **Ranger les objets dans une boîte**

Pour pouvoir jouer à nouveau avec les objets gigognes, il faut les ranger dans une boîte. Ce nouveau problème repose aussi sur la mise en ordre des objets mais cette fois il ne s'agit plus de les superposer pour prendre de la hauteur mais de les encastrer pour qu'ils prennent le moins de place possible. Comprendre la consigne de l'enseignant et la reformuler : ranger tous les objets gigognes dans la boîte en carton.

- S'approprier le but du problème : l'enseignant range des objets gigognes dans une boîte puis la ferme pour que les enfants comprennent le but à atteindre. L'enseignant ne permet pas aux enfants de voir la solution.
- Résoudre le problème par essais et ajustements.
- Échanger ses objets gigognes et sa boîte avec un camarade et essayer de nouveau.

DIFFÉRENCIATION

- Inciter les élèves qui en ont besoin à s'intéresser aux procédures de leurs camarades.
- Pour les élèves bloqués, l'enseignant expose momentanément le résultat attendu.

S'APPROPRIER LE LANGAGE

- **Dire** ce que l'on fait, ce que l'on a fait ou ce que l'on va faire.
- **Lexique** Vocabulaire spatial : dans, sur, sous, à l'intérieur, dedans, dessous, dessus.
- **Syntaxe** Utiliser des comparatifs (plus grand que, plus petit que).

ÉTAPE 1 Réaliser la plus grande tour possible

Premières constructions par tâtonnement.

Comparaison avec une tour voisine et modification de sa construction.

Il faut encore chercher !

ÉTAPE 2 Ranger les objets dans une boîte

Une boîte de petite taille oblige les élèves à former un seul assemblage.

Les élèves font plusieurs essais.

Premier essai pour cet élève. L'objet gigogne vert ne peut pas entrer dans la boîte.

Le problème est résolu en réalisant deux assemblages.

APPARIER UN SOLIDE AVEC UNE OU PLUSIEURS DE SES FACES

Les boîtes à formes

MATÉRIEL

- Des boîtes passe-formes de types variés et les pièces correspondantes.
- Une barquette pour chaque élève.
- De la pâte à modeler.

ORGANISATION

ÉTAPE 1 À l'accueil pendant 2 semaines en libre accès à différentes boîtes à formes.
ÉTAPES 2 ET 3 Atelier dirigé de 4 à 6 élèves.

DÉROULEMENT

DÉCOUVERTE
Manipulation

● ÉTAPE 1 Jouer avec les boîtes passe-formes

- Chaque élève reçoit une boîte passe-formes différente avec un panier contenant les formes correspondantes. L'enseignant donne un exemple si les élèves ne connaissent pas ce jeu.
- Chercher par quel trou passe une pièce du jeu. Chercher quelle pièce passe par un trou de la boîte passe-formes.

L'enseignant observe les procédures des élèves et les pièces facilement associées aux orifices de la boîte. Il repère si les élèves trouvent la solution par tâtonnement ou par anticipation.

RECHERCHE
Expérimentation

● ÉTAPE 2 Réaliser des empreintes de solides

- Prendre les empreintes des faces des solides dans de la pâte à modeler.
- Retrouver les pièces qui ont permis de réaliser des empreintes dans la pâte à modeler.

STRUCTURATION
Manipulation

● ÉTAPE 3 Anticiper par quel trou passe une pièce de la boîte passe-formes

- Jouer avec les boîtes passe-formes. Observer les faces de la pièce et chercher le trou qui correspond. Faire tourner la pièce pour trouver la bonne orientation.

Le groupe est ensuite rassemblé autour d'une seule boîte passe-formes.

- Chercher le trou qui permet de faire passer la pièce montrée par l'enseignant. Observer les faces de la pièce. Réaliser si besoin l'empreinte des faces de cette pièce dans différentes orientations.
- Chercher la pièce qui peut passer dans le trou montré par l'enseignant.

DIFFÉRENCIATION

ÉTAPES 1 ET 3 Jouer avec des boîtes passe-formes adaptées aux compétences des élèves.
ÉTAPE 3 Réaliser l'empreinte des faces des pièces dans de la pâte à modeler. Comparer avec les trous de la boîte passe-formes.

S'APPROPRIER LE LANGAGE

- **Décrire** un objet en précisant sa forme et sa couleur.
- **Lexique** Distinguer le cube du carré. Nommer les formes de certaines faces : carré, rond et triangle.
- **Syntaxe** Construire des phrases négatives.

ÉTAPE 1 Jouer avec les boîtes passe-formes

Chaque élève reçoit une boîte passe-formes différente.

Chercher par quel trou passe une pièce du jeu.

ÉTAPE 2 Réaliser des empreintes de solides

Prendre les empreintes des faces des solides dans de la pâte à modeler.

Retrouver les pièces qui ont permis de réaliser des empreintres dans la pâte à modeler.

ÉTAPE 3 Anticiper par quel trou passe une pièce de la boîte passe-formes

Faire tourner la pièce pour trouver la bonne orientation.

Chercher le trou qui permet de faire passer la pièce montrée par l'enseignant.

Activités complémentaires

Découvrir les formes et les grandeurs EMPORTE-PIÈCES

- Associer un solide à une ou plusieurs de ses faces.

Les élèves obtiennent des formes planes.

MATÉRIEL

- Des emporte-pièces.
- De la pâte à modeler.

ORGANISATION

Atelier de 6 élèves.

CONSIGNES

- Réaliser des formes planes ou des empreintes à l’aide des emporte-pièces de son choix.
- Retrouver les pièces qui s’encastrent dans les trous réalisés ou sur les empreintes obtenues.

Ils doivent retrouver les emporte-pièces qui correspondent à chacune des empreintes réalisées.

Approcher les quantités et les nombres LE JEU DU LYNX

- Dénombrer des petites quantités (1 à 2).

Lancer le dé, prendre le nombre de pièces indiqué par le dé.

MATÉRIEL

- Le jeu du lynx géant Educa : le tapis de jeu et les pièces souples amovibles.

ORGANISATION

Atelier autonome de 6 élèves. Chaque élève est chargé de remplir une portion du tapis de jeu avec 6 pièces souples amovibles.

CONSIGNES

Le but du jeu est de remplir sa partie avec 6 pièces du jeu.

- Lancer le dé, prendre le nombre de pièces indiqué par le dé. Encastrer ses pièces dans les trous du tapis.
- Le joueur suivant lance le dé et effectue les mêmes opérations. Placer si besoin les pièces sur le dé pour vérifier que la bonne quantité a été prise.

Le but du jeu est de remplir sa partie avec 6 pièces du jeu.

Prendre le nombre de pièces indiqué par le dé et les encastrer dans les trous du tapis.

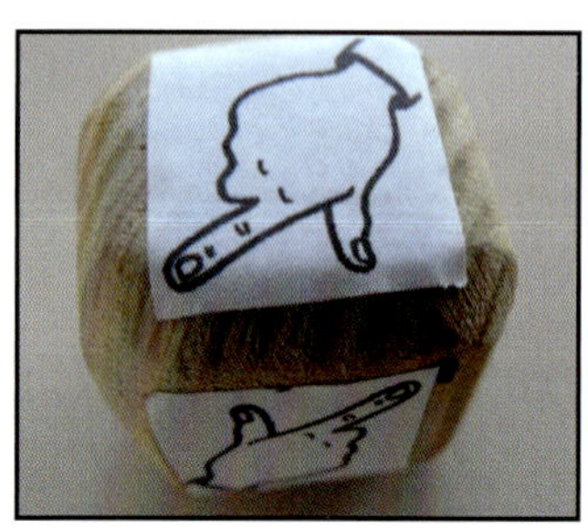
On peut aussi jouer avec un gros dé avec les configurations de doigts.

Découvrir les formes et les grandeurs

PUZZLES ET ENCASTREMENTS

- Différencier des formes très proches.
- Réaliser un encastrement de 10 à 16 pièces.
- Réaliser un puzzle-encastrement de 3 à 4 pièces.

Formes très proches sans modèle. 4 à 6 pièces.

Formes figuratives avec modèle. 4 à 6 pièces.

Formes figuratives. Relation logique. 12 à 16 pièces.

Formes figuratives très proches sans modèle. 8 à 12 pièces.

Découvrir les formes et les grandeurs

RECONNAISSANCE DES FORMES

- Trier des objets selon 2 critères : la forme et la couleur.
- Apparier un solide avec une ou plusieurs de ses faces.

MATÉRIEL

– Atelier Géopeggy. Scolavox.

ORGANISATION

Atelier de 4 à 6 élèves.

CONSIGNES

– Réaliser librement des assemblages de formes sur le support proposé.
– Effectuer des tris selon un critère : forme, couleur.
– Effectuer des tris selon plusieurs contraintes : forme et couleur.
– Placer des formes identiques au modèle fixé sur le support. Tenir compte de la forme et de la couleur.

Modèle simple.

Modèle plus complexe.

Rituels pour apprendre à compter

Ces rituels sont pratiqués quotidiennement avec une demi-classe ou la classe entière. Ces rituels permettent de développer les compétences numériques des élèves mais aussi des compétences de raisonnement et les capacités d'attention. C'est un moment spécifique dans la journée bien repéré par les élèves. Il a une durée de 5 à 10 minutes.

Comptines numériques

- Décomposer le nombre 3.

Au marché

Pomme, pomme, pomme,
M'en allant au marché,
3 grosses pommes j'ai achetées,
Une pour papa, une pour maman et une pour moi.
Une dans mon panier, une dans ma poche et une dans ma bouche !

Chou, chou, chou,
M'en allant au marché,
3 gros choux j'ai achetés,
Un pour papa, un pour maman et un pour moi.
Un dans mon panier, un dans ma poche et un dans ma bouche !

Configurations de doigts

- Mémoriser les collections-témoins de doigts de 1 à 3.

– Montrer 1, 2 ou 3 doigts à l'enseignant.
– Constater qu'il existe plusieurs façons de procéder.
– Reproduire les configurations de doigts montrées par l'enseignant. L'enseignant décompose à chaque fois les nombres. Pour 2, il présente un doigt puis l'autre en disant « Un et encore un, cela fait deux ».
– Reproduire avec ses doigts la configuration représentée sur une grande carte.

La boîte

- Mémoriser les collections-témoins de doigts de 1 à 3.

L'enseignant sort des objets d'une boîte et demande aux élèves de compter en même temps.

– Montrer avec ses doigts la quantité d'objets sortis. Décomposer les nombres pendant le comptage et montrer en même temps la collection de doigts qui augmente.

Suites répétitives

- Reproduire une suite gestuelle, auditive ou visuelle.

Les élèves sont assis en rond.

- **Jeu 1** : chacun son tour, un enfant tape une fois dans ses mains. Jeu identique en tapant des pieds, en tapant sur ses cuisses ou en mettant ses mains sur la tête.

- **Jeu 2** : un enfant tape une fois dans ses mains, le suivant secoue une fois des maracas. Jeu identique en tapant 2 fois dans ses mains.

- **Jeu 3** : reproduire tous ensemble la suite gestuelle proposée par l'enseignant : frapper dans ses mains puis taper sur ses cuisses.
  Autres suites possibles : frapper une fois dans ses mains puis lever les bras, poser ses deux mains sur la tête puis frapper une fois dans ses mains, taper 2 fois dans ses mains puis 2 fois sur ses cuisses.

Livres à compter

- Dénombrer des quantités jusqu'à 3.
- Compléter des collections pour qu'elles soient identiques.

1, 2, 3 PETITS CHATS QUI SAVAIENT COMPTER JUSQU'À 3.

Il était une fois une maman qui avait 1, 2, 3 petits chats qui savaient compter jusqu'à 3. Avant d'aller dormir, ils prenaient leur bain dans 1, 2, 3 petites bassines. Une pour chacun. « Maman, Maman, il manque un petit canard ! Il manque un seau ! Il manque un ballon ! » Maman chat accourt pour apporter ce qui manque.

- Jouer les scènes de l'album avec des images : 3 petits chats et les différents objets utilisés dans l'histoire.
- Afficher les images des trois chats. Chercher des collections de 3 objets identiques dans la classe pour en distribuer un à chaque chat. Chacun doit avoir la même collection d'objets au final pour éviter les disputes.

1, 2, 3 petits chats qui savaient compter jusqu'à 3.
Michel Van Zeveren. Lutin poche. 2008.

Jeux mathématiques

Ludanimo

- Se déplacer sur un jeu de piste.
- Repérer qui est le premier, le deuxième et le troisième.
- Tenir compte de deux contraintes données par les dés.

MATÉRIEL

– 15 solides géométriques (cubes, cylindres et prismes), 6 animaux, un dé des couleurs et un dé des animaux.

Ludanimo. Djeco

BUT DU JEU

Déplacer des animaux sur une piste réalisée avec des solides géométriques. Savoir quel animal va arriver le premier.

Hoppel Poppel

- Lire un dé.
- Reconnaître des formes et les orienter.

MATÉRIEL

– 4 planches de jeu, un dé des couleurs, 32 silhouettes d'animaux en bois (canard, chats, poules et lapins).

Hoppel Poppel. Haba

BUT DU JEU

Être le premier à compléter sa planche avec les animaux manquants. Ce jeu peut aussi être utilisé avec un dé avec les constellations du 1 et du 2.

Le verger

- Se déplacer sur un jeu de piste.
- Respecter la consigne du dé.

MATÉRIEL

– 40 cartes fruits, 9 cartes parcours, 6 cartes panier, une carte verger.

BUT DU JEU

Récolter les cerises avant que le corbeau n'arrive à l'arbre. Le parcours est réalisé avec les cartes parcours. En espaçant les cartes, on peut mieux visualiser le parcours.

Le verger jeu de cartes. Haba

Farandole

- Manipuler des objets de tailles différentes (grand/petit, épais/mince).
- Respecter 3 consignes (couleur, taille, épaisseur).

MATÉRIEL

– 1 peluche, 16 livres en plastique de différentes couleurs, tailles et épaisseurs, 3 dés.

BUT DU JEU

Donner le bon livre à la peluche (Olivier le petit ver).

Farandole. Ravensburger

Duetto

- Respecter les consignes données par 2 dés.
- Identifier des images qui respectent les 2 propriétés indiquées par les dés.

MATÉRIEL

– 2 dés des couleurs, 21 cartes personnages.

BUT DU JEU

Lancer les 2 dés pour obtenir une combinaison de couleurs. Reconnaître parmi les 21 cartes personnages celle dont le pantalon et la veste correspondent aux 2 couleurs recherchées.

Duetto. Selecta spiel

PÉRIODE 4 mars – avril

Se repérer dans l'espace

SITUER DES OBJETS ENTRE EUX

Le train des poupées

MATÉRIEL

- 6 trains de 4 à 5 cartons. Ces cartons sont assemblés avec du scotch pour obtenir des trains.
- 1 chaise bleue et 3 ou 4 chaises jaunes.

ORGANISATION

Étape 1. Activité menée en salle de jeux avec toute la classe ou une demi-classe.
Étape 2. Atelier de 4 élèves en classe.

DÉROULEMENT

DECOUVERTE
Motricité

● ÉTAPE 1 S'approprier le problème

Des petits trains réalisés avec des cartons sont dispersés en salle de jeux.

- Jouer librement avec les trains. Un élève conduit le train. Un autre se place derrière le conducteur du train. Un élève s'assied à la dernière place.

L'enseignant propose ensuite un jeu : se disperser et essayer de revenir à la même place.

- Découvrir la nécessité de garder une mémoire des places des élèves.
- Utiliser son étiquette-prénom avec sa photo pour mémoriser sa position.

RECHERCHE
Motricité

● ÉTAPE 2 Mémoriser sa position dans le train

- Choisir une place dans le train et y laisser son étiquette.
- Aller se placer à la même place dans un autre train qui est éloigné du modèle.

Comparer avec le modèle en rapprochant les deux trains. Le même jeu est possible avec un train représenté en modèle réduit avec des boîtes à chaussures.

RECHERCHE
Expérimentation

● ÉTAPE 3 Mémoriser la position d'un objet dans le train

4 personnages (poupées, nounours) de la classe sont placés dans un train formé avec des chaises. La chaise bleue représente la locomotive.

- Placer chaque personnage sur une chaise. Revenir s'asseoir sur le banc pour observer le train et mémoriser la position des personnages. L'enseignant cache la photo des personnages sous les chaises. Les personnages sont retirés. Chaque élève est chargé de retrouver la place d'un personnage. Les autres enfants commentent et interviennent s'ils ne sont pas d'accord. La validation se fait à l'aide des photos.

DIFFÉRENCIATION

Étape 3. Augmenter si besoin le nombre de wagons du train pour complexifier le problème.

S'APPROPRIER LE LANGAGE

- **Indiquer** une position.
- **Lexique** Noms et adjectifs ordinaux (premier, deuxième, troisième, dernier). Noms liés au thème du train (locomotive, wagon, conducteur, voyageur, place, contrôle, billet). Verbes (se placer, s'asseoir, conduire, revenir).
- **Syntaxe** Utiliser des prépositions (devant, derrière).

ÉTAPE 1 S'approprier le problème

Jouer librement avec les trains en carton. L'enseignant propose ensuite un jeu : se disperser et essayer de revenir à la même place.

ÉTAPE 3 Mémoriser la position d'un objet dans le train

Placer chaque personnage sur une chaise. Revenir s'asseoir sur le banc pour observer le train et mémoriser la position des personnages.

Les personnages sont retirés. Chaque élève est chargé de retrouver la place d'un personnage.

La validation se fait à l'aide des photos.

Approcher les quantités et les nombres

La pêche à la ligne

MATÉRIEL

- Des cannes à pêche et des jeux à pêcher : canards, poissons, bateaux, tortues.
- Des cartes constellations du dé et configurations de doigts.

ORGANISATION

Étape 1. Activité menée en salle de jeux avec toute la classe ou une demi-classe.
Étape 2. Atelier de 4 à 6 élèves.

DÉROULEMENT

DÉCOUVERTE
Motricité

ÉTAPE 1 Extraire d'une collection le nombre d'objets demandé

Dans la salle de jeux, des jeux de pêche sont installés sur des tapis.
Chaque élève reçoit une canne à pêche.

- Pêcher le plus de poissons possibles en 30 secondes environ.
  Dénombrer les poissons pêchés et annoncer son score. En 30 secondes, les élèves pêchent de 1 à 3 poissons.
- Pêcher la quantité d'objets de pêche (canards, poissons, tortues, bateaux) commandée par l'enseignant. L'enseignant montre la quantité commandée avec ses doigts ou lance un gros dé.
  Il décrit la quantité commandée en la décomposant : « Un, un et encore un, cela fait 3. »
- Tirer au sort une carte (constellations du dé ou configurations de doigts) et pêcher la quantité demandée.

RECHERCHE
Manipulation

ÉTAPE 2 Reconnaître dans une collection d'objets ce que l'on voit 1 fois, 2 fois, 3 fois

Une collection d'objets pêchés est installée sur la table : 1 grenouille, 2 bateaux, 2 tortues, 3 canards, 3 poissons.

- Trouver les animaux que l'on voit 1 fois, 2 fois, 3 fois.
- Tirer une carte au sort et trouver les objets qui correspondent à la quantité désignée par la carte.

RECHERCHE
Observation

ÉTAPE 3 Reconnaître dans une image ce que l'on voit 1 fois, 2 fois, 3 fois

Des images de canards, de poissons, de bateaux et de tortues sont affichées au tableau ou posées sur la table.

- Trouver ce que l'on voit 1 fois, 2 fois, 3 fois. L'enseignant montre à chaque fois la quantité recherchée avec ses doigts.

PROLONGEMENTS

- Jeux dansés : danser seul, à deux ou à trois.
- Dans le cadre des jeux collectifs, aller chercher un, deux ou trois foulards ou cerceaux.

DIFFÉRENCIATION

Inciter les élèves qui en ont besoin à poser les canards sur les points des cartes constellations du dé pour vérifier leur dénombrement.

S'APPROPRIER LE LANGAGE

- **Constater** le résultat d'une comparaison.
- **Lexique** Comprendre l'expression « juste assez ». Utiliser les termes « trop », « pas assez ».
  Noms et adjectifs numéraux (un, deux, trois).
- **Syntaxe** Phrases du type « Il en manque encore 2 », « Il y en a trop », « Il n'y en a pas assez ».

ÉTAPE 1 Extraire d'une collection le nombre d'objets demandé

Dans la salle de jeux, des jeux de pêche sont installés sur des tapis.

Pêcher le plus d'objets possibles en 30 secondes.

Tirer au sort une carte et pêcher la quantité demandée.

PROCÉDURES OBSERVÉES

- Reconnaît la quantité de points sur la carte.
- Utilise la comptine numérique pour dénombrer les points sur la carte.
- Synchronise la récitation de la comptine numérique et le pointage avec le doigt.
- Arrête le dénombrement une fois que tous les points ont été comptés.
- Indique le nombre d'objets comptés.
- Prend un jouet pour chaque point sur la carte.

ÉTAPE 2 Reconnaître dans une collection d'objets ce que l'on voit 1 fois, 2 fois, 3 fois

Une collection d'objets de pêche est installée sur la table.

Trouver les animaux que l'on voit 1 fois, 2 fois, 3 fois.

Tirer une carte au sort et trouver à quels objets correspond cette quantité.

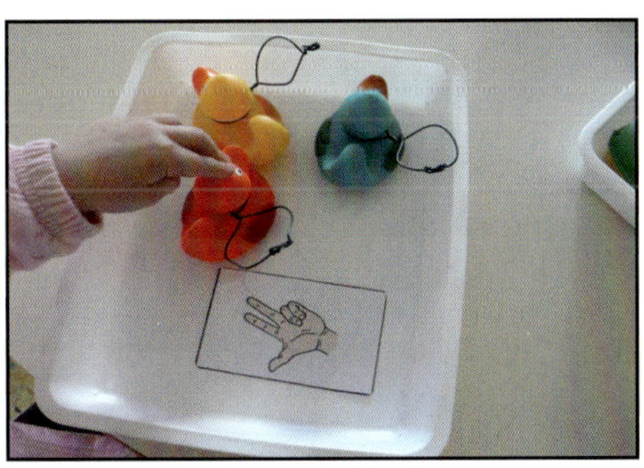

Dénombrer des canards en synchronisant la récitation de la comptine et le pointage des canards avec le doigt.

Inciter les élèves qui en ont besoin à poser les canards sur les points des cartes constellations du dé pour vérifier leur dénombrement.

On fait les courses

MATÉRIEL

- Des jeux de construction de la classe, des crayons, des feutres, des petites voitures.
- Des barquettes assez grandes pour ranger ces éléments.
- Des cartes avec des configurations de doigts de 1 à 3.
- Des cartes avec les constellations du dé de 1 à 3.
- Une grande barquette par élève.

ORGANISATION

Atelier de 4 à 6 élèves.

DÉROULEMENT

Ces activités sont destinées à consolider les apprentissages réalisés au cours des séances « La pêche aux canards ».

CONSOLIDATION
Manipulation

● Étape 1 Construire des collections à partir d'une collection témoin

Pour faire les courses, l'enseignant a mis en place un magasin libre service en plaçant sur une table de grandes barquettes remplies de petites voitures, de crayons de couleur, d'éléments de jeux de construction. Chaque élève reçoit un petit panier ou une barquette pour aller faire ses courses. Dans ce panier, l'enseignant a posé une carte configuration de doigts ou constellation du dé.

- Aller chercher une collection d'objets au magasin dans la quantité indiquée sur la carte.
- Dénombrer les objets en synchronisant la récitation de la comptine et le déplacement des objets pour distinguer les objets comptés de ceux qui ne le sont pas encore.
- Aller chercher plusieurs collections d'objets de même quantité que celle indiquée par la carte.
- Placer tous ces objets dans son panier et les rapporter à sa place.
- Sortir les objets de son panier et les organiser pour vérifier que la commande a été respectée.

CONSOLIDATION
Manipulation

● Étape 2 Dire le nom des nombres de 1 à 3

L'enseignant joue au départ le rôle du marchand. Les élèves sont les clients. Ils se rendent au magasin pour acheter des objets avec dans leur barquette, une carte constellation du dé ou configuration de doigts. Ils doivent demander des objets dans la quantité indiquée sur la carte qu'ils ont tirée au sort.

DIFFÉRENCIATION

Étape 1. Inciter les élèves qui en ont besoin à placer les objets sur les points de leur carte pour vérifier qu'ils ont la bonne quantité.

S'APPROPRIER LE LANGAGE

- **Formuler** une demande
- **Lexique** Noms et adjectifs numéraux (un, deux, trois), Noms des objets utilisés vendus dans le magasin.
- **Syntaxe** Formuler une demande dans le cadre du jeu des courses : « Bonjour, je voudrais trois feutres. »

ÉTAPE 1 Construire des collections à partir d'une collection témoin

Le magasin est constitué avec des jeux et du matériel de la classe.

Aller chercher les objets de son choix au magasin dans la quantité demandée sur la carte configuration de doigts.

Aller chercher les objets de son choix au magasin dans la quantité demandée sur la carte constellation du dé.

Rapporter ses courses à sa place.

Sortir les objets de son panier.

Vérifier pour chaque objet que la quantité rapportée correspond à la commande.

MATÉRIEL

Les nombres de 1 à 3.

1	2	3
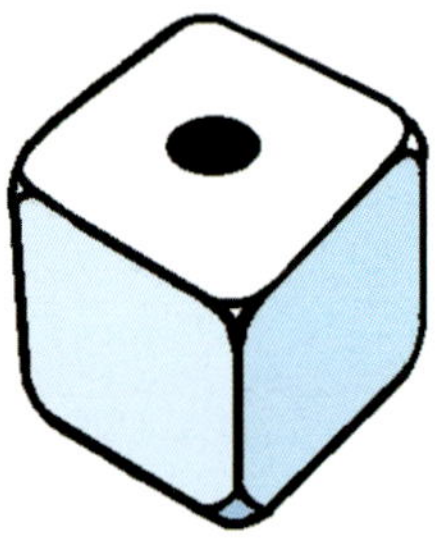	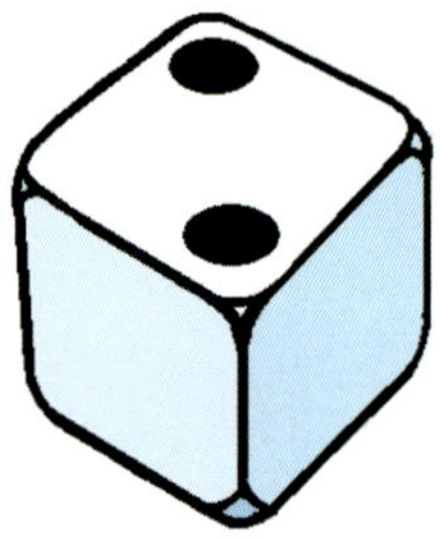	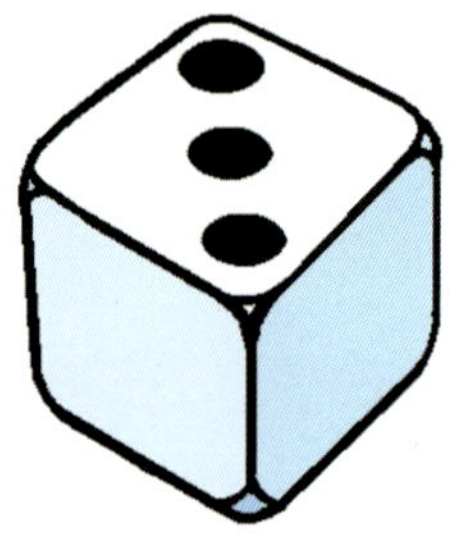
	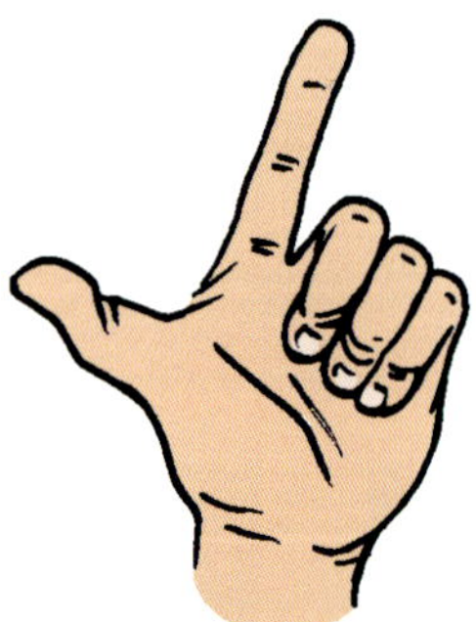	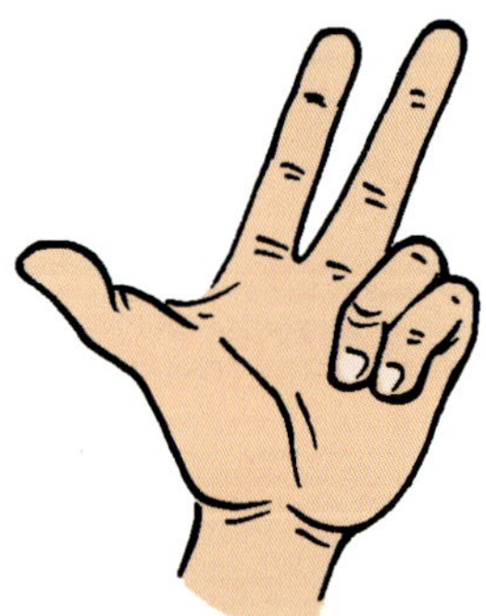
		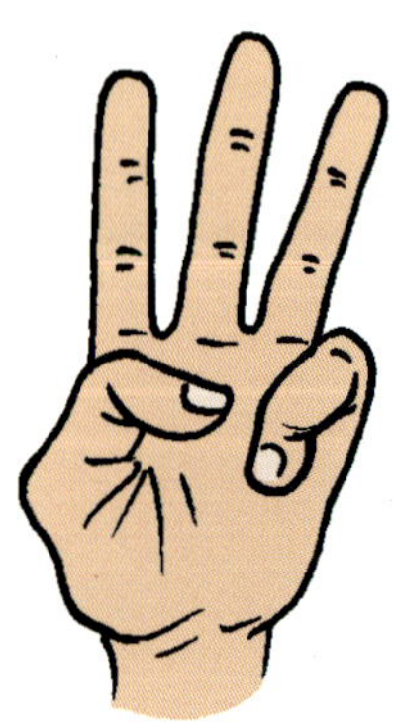

MATÉRIEL

Les nombres de 1 à 3.

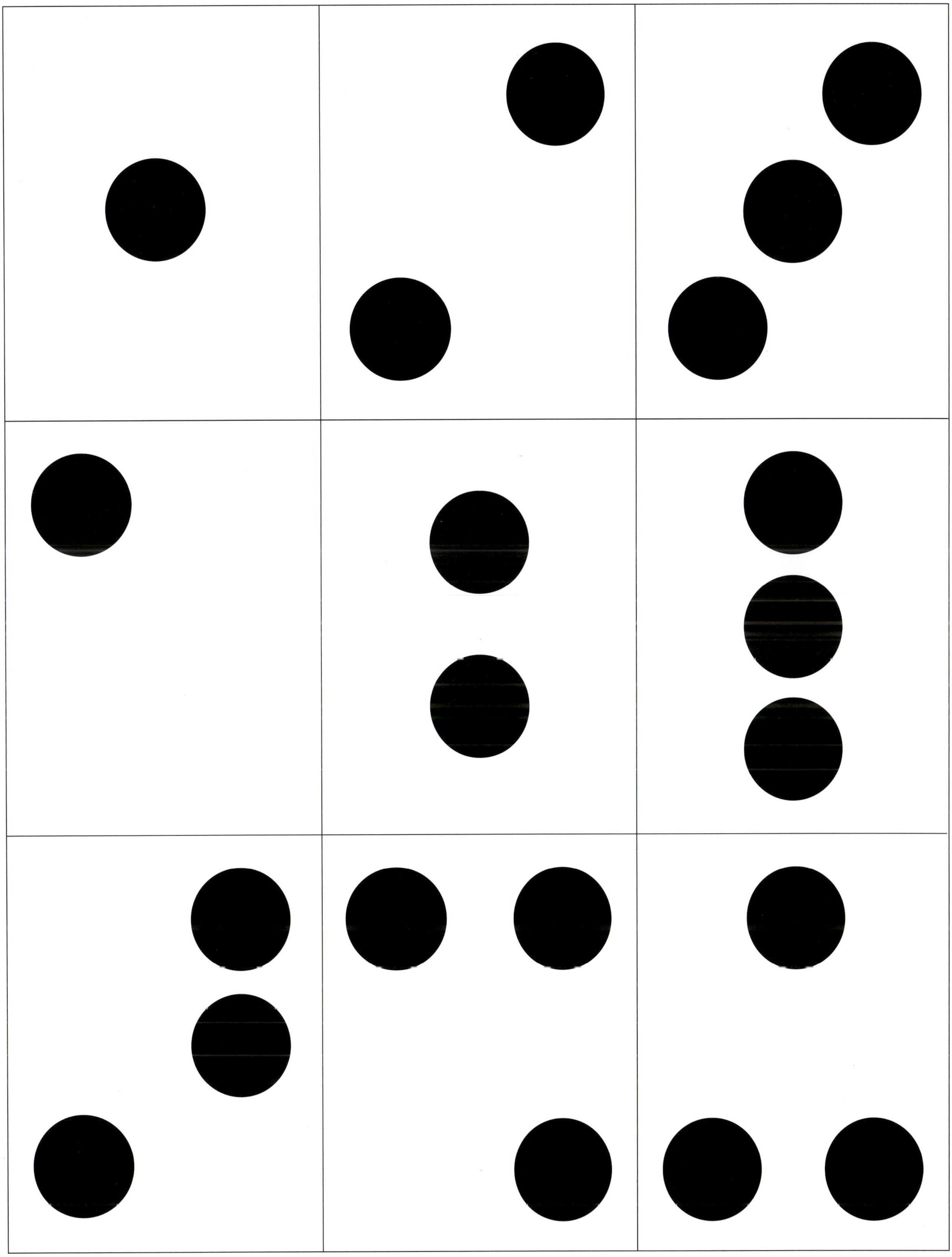

DÉCOMPOSER LE NOMBRE 3

Les 3 petits cochons

MATÉRIEL

- Des briques en plastique ou des blocs de mousse pour construire la maison des cochons.
- Des cochons : figurines en plastique et marottes en carton.
- Une boîte à chaussures décorée pour représenter une maquette de la maison des cochons.

ORGANISATION

Étape 1. Plusieurs séances de 5 minutes menées lors des regroupements.
Étape 2. Atelier dirigé avec 4 à 6 élèves.

DÉROULEMENT

Ces activités sont proposées en prolongement de la découverte de l'histoire des 3 petits cochons.

DÉCOUVERTE
Observation

● ÉTAPE 1 Découvrir les décompositions du nombre 3

Une maison fabriquée avec des briques en plastique est installée au coin regroupement. C'est la maison des 3 petits cochons. Les 3 petits cochons sont représentés par 3 marottes en carton. L'enseignant répartit les cochons de la manière suivante : un cochon à l'intérieur de la maison et deux à l'extérieur.

- Décrire la répartition des cochons et vérifier qu'ils sont bien 3. L'enseignant les dénombre en les pointant du doigt, en les énumérant : « Un, un et encore un, cela fait trois. Il y a trois petits cochons ». Les élèves décrivent la situation : « Un dans la maison et encore deux dehors ».

L'enseignant distribue les 3 marottes à 3 élèves. Le but est de chercher les différentes décompositions possibles.

- Déposer son cochon à l'endroit de son choix puis décrire l'organisation obtenue.
- Chercher des décompositions différentes.

DÉCOUVERTE
Manipulation

● ÉTAPE 2 Reproduire les décompositions du nombre 3

Chaque élève reçoit une barquette et 3 figurines de cochons. L'enseignant présente une boîte à chaussures représentant la maison des cochons et des figurines.

- Répartir librement ses trois cochons. Dire combien sont dans la maison.
- Observer la décomposition d'un camarade. Faire pareil et dire combien de cochons sont dedans et dehors.

RECHERCHE
Expérimentation

● ÉTAPE 3 Chercher combien de cochons sont dans la maison

- Observer la décomposition réalisée par un camarade, dire combien de cochons sont placés dans la maison et vérifier en reproduisant la situation avec son matériel.

DIFFÉRENCIATION

L'étape 3 n'est pas un objectif à atteindre pour tous les élèves de Petite section.

S'APPROPRIER LE LANGAGE

- **Décrire** une situation.
- **Lexique** Noms et adjectifs numéraux (un, deux, trois), vocabulaire spatial (dans, dedans, dehors, devant, à l'intérieur).
- **Syntaxe** Utiliser la conjonction « et ».

ÉTAPE 1 Découvrir les décompositions du nombre 3

Observer les différentes décompositions du nombre 3.

ÉTAPE 2 Reproduire les décompositions du nombre 3

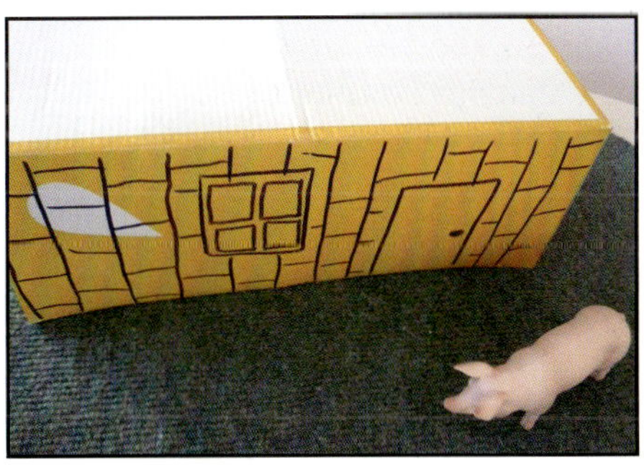

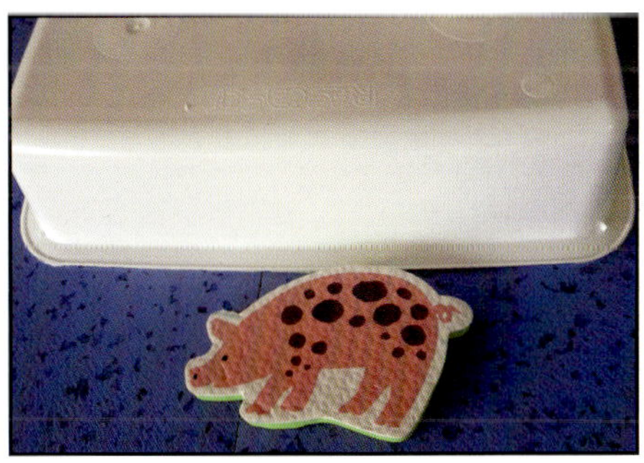

Observer une situation. Faire pareil et dire combien de cochons sont dedans et dehors.

PROCÉDURES OBSERVÉES

- Fait des essais et compare avec le modèle.
- Place un cochon à l'extérieur puis prend les cochons restant dans la maison.
- Se rappelle de la répartition observée en étape 1.

ÉTAPE 3 Chercher combien de cochons sont dans la maison

Observer une décomposition. Dire combien de cochons sont placés dans la maison. Vérifier en reproduisant la situation avec son matériel.

PROCÉDURES OBSERVÉES

- S'aide de ses doigts. Fait correspondre deux doigts aux cochons placés à l'extérieur. Constate qu'il reste un doigt libre.
- Se souvient du résultat observé en étape 1 ou 2.

Développer sa pensée logique

Le petit train des animaux

MATÉRIEL

- Le petit train, L'oiseau magique. Ce jeu comprend des supports pour reconstituer un train, des cartes personnages, des modèles noir et blanc, des modèles couleur et des modèles avec uniquement les wagons en couleur.

ORGANISATION

Atelier de 4 à 6 élèves.

DÉROULEMENT

DÉCOUVERTE
Manipulation

- **ÉTAPE 1 Reproduire une suite d'objets en s'aidant d'un modèle proche**

- Jouer librement avec les cartes pour créer des petits trains.
- Reproduire les modèles créés par ses camarades.
- Reproduire une suite d'images formant un petit train en s'aidant du modèle noir et blanc (prise en compte de l'animal présent dans le wagon).
- Reproduire une suite d'images en s'aidant du modèle couleur (prise en compte de la couleur du wagon).
- Reproduire des modèles plus importants (6 à 8 images) en s'aidant d'un modèle proche.

RECHERCHE
Expérimentation

- **ÉTAPE 2 Reproduire une suite d'objets en s'aidant d'un modèle éloigné**

Le modèle est placé derrière la chaise de chaque élève avec de la pâte à fixer.
Les élèves peuvent aller voir le modèle autant de fois qu'ils le désirent.

- Repérer la position de chaque animal dans le train et la mémoriser. Placer les images sur son train dans l'ordre du modèle.
- Valider en détachant le modèle du dos de la chaise et en rapprochant son train du modèle.

CONSOLIDATION
Manipulation

PROLONGEMENTS

- Reproduire des suites avec des tampons, des gommettes ou des papiers déchirés pour décorer le cadre de certaines productions plastiques des élèves.
- Reproduire des suites de perles sur tige verticale (abaques) ou sur une tige horizontale (Maxiperles Nathan) en s'aidant du modèle réel ou d'une image.

DIFFÉRENCIATION

- Ne donner que les images nécessaires pour faire le train du modèle aux élèves qui ont besoin d'aide. Limiter le nombre d'essais à 3 pour les élèves qui réussissent facilement. Chaque élève reçoit trois jetons correspondant chacun à un essai.

S'APPROPRIER LE LANGAGE

- **Indiquer** une position.
- **Lexique** Noms des animaux du petit train. Noms et adjectifs ordinaux (premier, deuxième, troisième, dernier).
- **Syntaxe** Utiliser des prépositions (devant, derrière).

Reproduire un modèle en s'aidant du repérage de la position des animaux.

Reproduire un modèle en s'aidant du repérage de la position des wagons de couleur.

Le modèle est fixé sur le dos de la chaise de chaque élève.

Aller observer le modèle et retourner à sa place pour placer l'image dans le train.

Valider en comparant avec le modèle.

Procédures observées

- Effectue un voyage pour repérer la position de chaque image.
- Mémorise la position de deux images à chaque voyage.
- Place les images sans ordre précis.
- Modifie la position de certaines images au fur et à mesure des voyages.
- Débute par la locomotive puis place les images dans l'ordre.
- Débute par la dernière image.
- Place d'abord la première et la dernière image.
- Prend les images de manière aléatoire et les place sur le train.

REPRODUIRE UNE SUITE D'OBJETS

Le poisson

MATÉRIEL

- Les réglettes en plastique transparent et les jetons de couleur du jeu Logicoloredo, Nathan éducatif.

ORGANISATION

Atelier de 4 à 6 élèves.

DÉROULEMENT

Pour mener ces séances, il est préférable d'avoir mis en œuvre les séances « Le train des poupées » ou « Le petit train des animaux ».

DÉCOUVERTE
Manipulation

● ÉTAPE 1 Reproduire une suite d'objets en s'aidant d'un modèle proche

- Placer la tête de son poisson sur le premier emplacement puis créer un poisson avec les jetons de son choix.
- Reproduire le poisson d'un élève. Valider en juxtaposant les deux assemblages.

RECHERCHE
Expérimentation

● ÉTAPE 2 Reproduire une suite selon un ordre imposé

Les élèves ont un nouveau modèle de poisson à reproduire. Ce modèle est montré par l'enseignant qui demande de suivre ses consignes. Les étapes de la reproduction sont imposées par l'enseignant, ce qui permet de faire apparaître de nouvelles procédures chez les élèves.
Exemple. Pour la reproduction du modèle tête du poisson avec carré bleu, rond rouge, triangle bleu, carré vert et rond jaune, les consignes données par l'enseignant sont les suivantes :
« Prenez d'abord un rond jaune et placez-le sur le poisson. Prenez un rond rouge et placez-le sur le poisson. » Les élèves placent ensuite le carré vert, le triangle bleu et le carré bleu.

CONSOLIDATION
Manipulation

● ÉTAPE 3 Reproduire une suite d'objets en s'aidant d'un modèle éloigné

Le modèle n'est plus visible de sa place. Il est disposé sur une table proche. Les élèves peuvent aller voir le modèle autant de fois qu'ils le désirent.

- Reproduire le poisson en repérant la position de chaque jeton.
- Valider en rapprochant son poisson du modèle.

DIFFÉRENCIATION

Pour les étapes 2 et 3. Alléger la tâche en demandant de reproduire des poissons constitués uniquement avec des ronds. Les élèves n'ont ainsi plus à tenir compte que d'une seule propriété, la couleur.
Pour l'étape 3. La reproduction d'un modèle éloigné n'est pas un objectif à atteindre pour tous les élèves de la Petite section.

S'APPROPRIER LE LANGAGE

- **Indiquer** une position.
- **Lexique** Adjectifs de couleur. Noms des formes du Logicoloredo.
- **Syntaxe** Utiliser des prépositions (devant, derrière) et des expressions (juste avant, juste après).

ÉTAPE 1 Reproduire une suite d'objets en s'aidant d'un modèle proche

Valider en juxtaposant les deux assemblages.

ÉTAPE 2 Reproduire une suite selon un ordre imposé

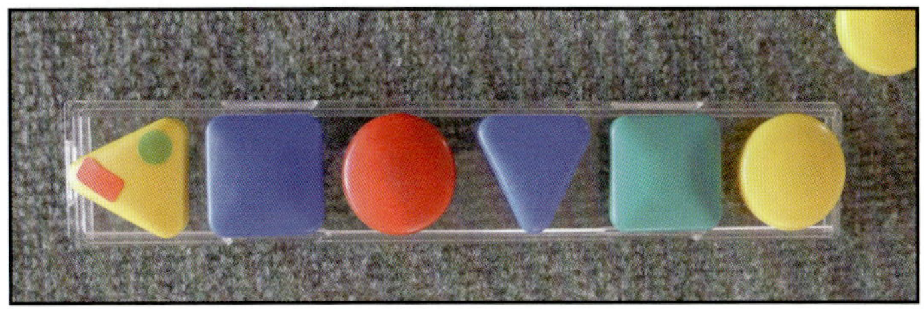

Le modèle est visible.

L'enseignant a demandé maintenant de placer le carré vert.

ÉTAPE 3 Reproduire une suite d'objets en s'aidant d'un modèle éloigné

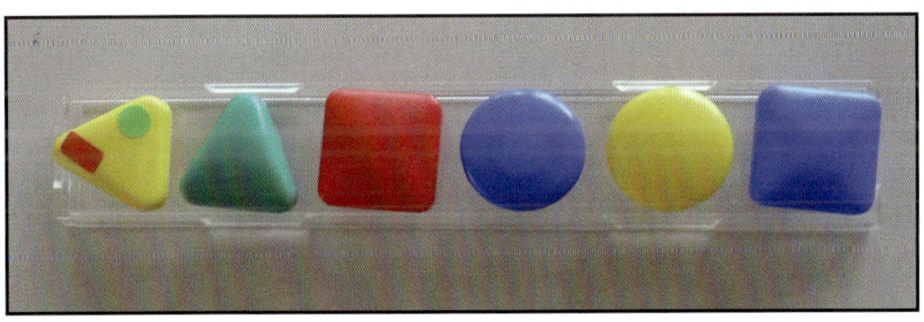

Le modèle est placé sur une table éloignée.

PROCÉDURES OBSERVÉES

- Effectue un voyage pour repérer la position de chaque jeton.
- Place les jetons sans ordre précis. Modifie la position de certains jetons au fur et à mesure de ses voyages.
- Débute par le jeton proche de la tête.
- Débute par le dernier jeton.

Aller observer le modèle et retourner à sa place pour placer le jeton sur son poisson.

Découvrir les formes et les grandeurs

Appariements de solides

MATÉRIEL

- Des grands blocs de mousse.

ORGANISATION

Atelier dirigé avec une demi-classe en salle de jeux.

DÉROULEMENT

DÉCOUVERTE
Motricité

● **ÉTAPE 1 Construire avec des formes simples**

En arrivant dans la salle de jeux, les élèves découvrent un tas de solides géométriques en mousse.

- Jouer librement avec les formes de son choix. Se lancer dans une construction ou un assemblage seul ou à plusieurs.

Au départ, les élèves réalisent des constructions à plat et des constructions avec des blocs placés « debout ». Puis, certains élèves empilent des solides identiques par la forme et la taille.
Exemple. Uniquement des cylindres de la même dimension mais de couleurs différentes.
Ils empilent aussi des solides identiques par la forme mais de tailles variées. Exemple. Avec des pavés de couleurs et de tailles différentes. Pour réaliser ces empilements, ils repèrent certaines faces des solides.

RECHERCHE
Motricité

● **ÉTAPE 2 Apparier des solides identiques par la forme et par la taille**

- Observer certaines constructions réalisées par ses camarades.
  Repérer les empilements de blocs de forme et de taille identique.
- Apparier les solides 2 à 2 identiques par la forme et la taille.
  Comprendre que deux solides de couleurs différentes peuvent avoir la même forme.
  Les élèves associent les solides qui ont des faces identiques.

CONSOLIDATION
Motricité

● **ÉTAPE 3 Reproduire un assemblage par superposition sur le modèle**

- Reproduire le modèle du bonhomme dont les formes ne se touchent que par les sommets.
  Les formes sont ainsi plus faciles à reconnaître.
- Reproduire des modèles comme celui de la voiture. Ce sont des modèles plus complexes et compacts dont les formes se touchent par les côtés.

DIFFÉRENCIATION

Étape 3. Aide au choix des formes et à l'organisation du travail.
Inciter à retourner et à faire pivoter les pièces pour mieux les identifier.

S'APPROPRIER LE LANGAGE

- **Décrire** un solide en précisant sa forme et sa couleur.
- **Lexique** Noms des faces de certains solides (carré, triangle, rond), verbes (poser sur, empiler, assembler, faire toucher), adjectifs (couleurs, petit, grand).
- **Syntaxe** Utiliser des indicateurs spatiaux (au-dessus, en dessous, à côté, sur, sous).

ÉTAPE 1 Construire avec des formes simples

Réaliser un assemblage à plat.

Assembler par les côtés de même longueur.

Empiler des formes variées.

ÉTAPE 2 Apparier des solides identiques par la forme et par la taille

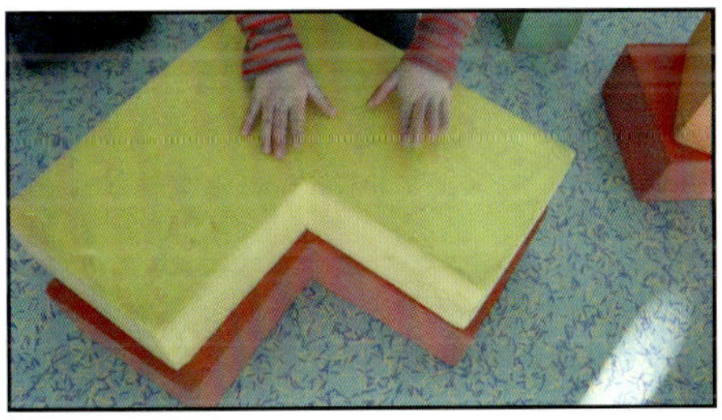

Apparier les solides 2 à 2 identiques par la forme et la taille.

ÉTAPE 3 Reproduire un assemblage par superposition sur le modèle

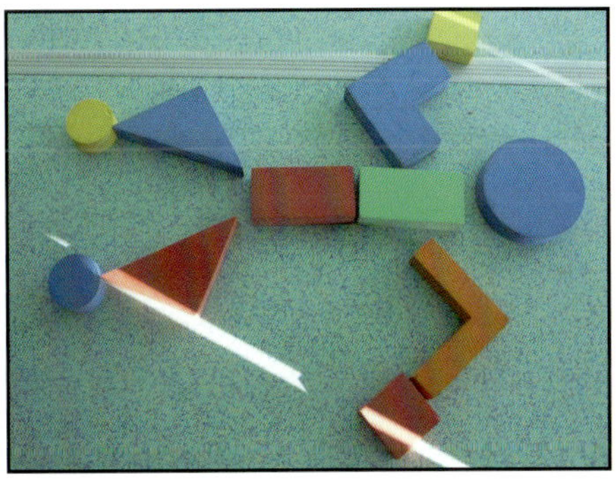
Reproduire le modèle du bonhomme.

Reproduire le modèle de la voiture.

RECONNAÎTRE DES FORMES GEOMETRIQUES

Il était un petit homme…

MATÉRIEL

- Une reproduction par élève du dessin du « petit homme » **(matériel page 96)**.
- Les formes nécessaires pour compléter le dessin du « petit homme » incomplet **(matériel page 97)**.
- Des formes d'un jeu de construction.
- Une boîte avec un trou pour passer la main.

ORGANISATION

Atelier de 4 à 6 élèves.

DÉROULEMENT

DÉCOUVERTE
Manipulation

● Étape 1 Nommer les formes

Chaque élève reçoit un dessin représentant le « petit homme ». Les formes géométriques sont placées au centre de la table. L'enseignant chante le refrain de la chanson « Pirouette cacahuète » dont les paroles ont été modifiées.

Il était un petit homme
Pirouette cacahuète
Il était un petit homme
Qui avait un drôle de chapeau

Puis
Qui avait de drôles de petites mains
Qui avait de drôles de chaussures
Qui avait une drôle de p'tite tête
Qui avait une drôle de chemise

Pour chaque strophe, l'enseignant présente et nomme une forme pour compléter son « petit homme » puis la pose sur son dessin. Il demande aux élèves de chercher une forme identique au centre de la table.

RECHERCHE
Manipulation

● Étape 2 Trier des formes simples

- Trier les formes en papier utilisées pour reconstituer le « petit homme ». Chercher tous les ronds puis tous les triangles et enfin les carrés.
- Compléter le classement obtenu avec des figures planes de la classe (différentes matières, tailles et couleurs).

RECHERCHE
Manipulation

● Étape 3 Reconnaître des formes géométriques par le toucher

Chaque élève dispose d'une boîte fermée dans laquelle se trouvent des figures planes.
Un trou permet de passer la main pour toucher les formes à l'intérieur de la boîte.
Un voile en tissu empêche de voir à l'intérieur de la boîte.

- Ouvrir les boîtes et nommer les formes contenues dans sa boîte et les sortir une à une.
  Constater que chaque élève a les mêmes éléments : carrés, ronds et triangles de différentes couleurs.
  Prendre tous la même forme, la manipuler en fermant les yeux et la remettre dans sa boîte.
- Fermer les boîtes, passer la main par le trou et explorer le contenu de la boîte.
  Sortir la forme de son choix, la nommer.
- Remettre toutes les formes dans la boîte et sortir une forme en respectant la consigne de l'enseignant.
  L'enseignant montre ou nomme l'objet que les élèves doivent sortir. Commencer par sortir les ronds.

DIFFÉRENCIATION

Sur la table, prévoir des formes identiques à celles contenues dans la boîte. Les élèves qui ne savent pas nommer une forme peuvent la montrer. L'enseignant rappelle le nom des formes en les montrant.

S'APPROPRIER LE LANGAGE

- **Comprendre et respecter** une consigne simple.
- **Lexique** Noms (carré, rond et triangle).
- **Syntaxe** Former des phrases complexes (qui relatif).

ÉTAPE 1 Nommer les formes

Poser les mains (les carrés) du « petit homme ».

Poser la chemise.

ÉTAPE 2 Trier des formes simples

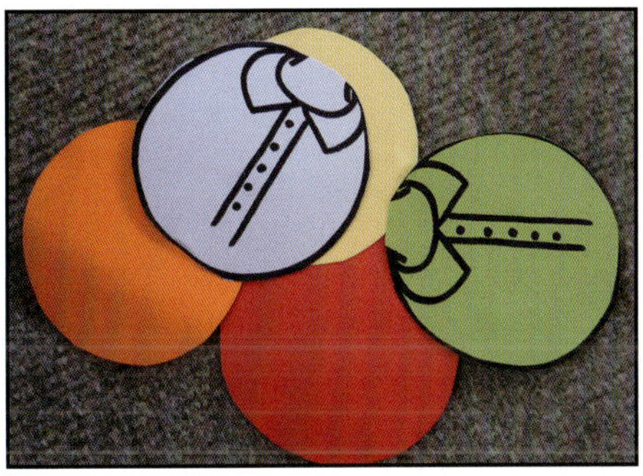

Trier les formes utilisées : les ronds.

Trier les formes utilisées : les triangles.

Trier les carrés.

Trier les formes de la classe : les carrés.

Trier les formes de la classe : les ronds.

ÉTAPE 3 Reconnaître des formes géométriques par le toucher

Les formes contenues dans la boîte.

Chercher tous les ronds contenus dans la boîte en utilisant uniquement le sens tactile.

MATÉRIEL

Il était un petit homme…

Le modèle du petit homme.

MATÉRIEL

Il était un petit homme…

Le modèle à reconstituer et les formes.

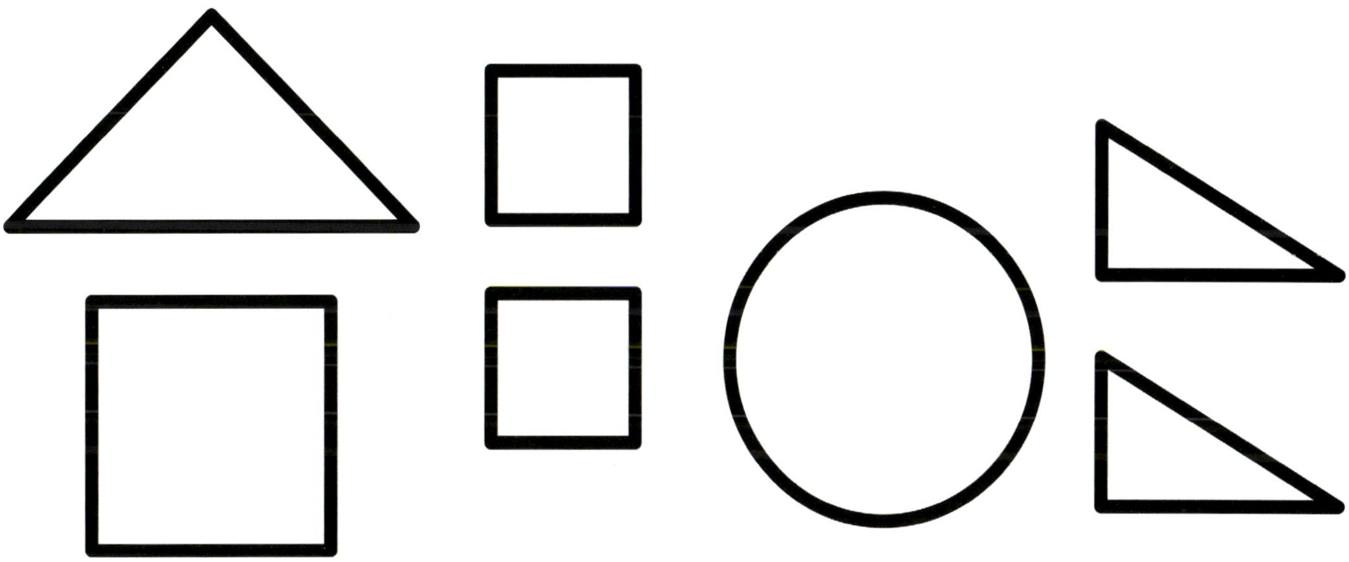

Activités complémentaires

Se repérer dans l'espace

La maison des 3 petits cochons

- Délimiter un espace fermé.
- Comprendre et utiliser le vocabulaire spatial.

MATÉRIEL

Un jeu de construction de la classe.
Des figurines de cochons.

ORGANISATION

Atelier dirigé de 6 élèves.

CONSIGNES

En salle de jeux, construire des maisons pour les trois petits cochons avec des cartons, des caissettes et des gros blocs en mousse. Chaque maison doit être bien fermée pour empêcher le loup d'entrer. En classe, construire une maison pour que le loup ne puisse pas entrer. L'enseignant aide et questionne les élèves pour faire émerger la notion d'espace fermé. Il apporte le vocabulaire spatial correspondant : ouvert, fermé, dedans, dehors, intérieur et extérieur.

Construction d'une ligne fermée avec des blocs identiques.

Accumulation organisée de nombreux blocs.

Accumulation de blocs sans organisation.

Découvrir les formes et les grandeurs

Reconnaissance de formes

- Reconnaître et classer des objets en fonction des caractéristiques liées à leur forme.

MATÉRIEL

Un grand tapis de formes et les formes correspondantes.
Des formes de tailles différentes (palets) de celles des modèles.

ORGANISATION

Activité menée en salle de jeux.

CONSIGNES

Placer les formes identiques au modèle sur le tapis.
Valider en les superposant sur le modèle.
Placer des formes de tailles différentes sur le tapis en ne tenant compte que du critère forme. Jouer à des jeux de rapidité par équipes.
Les formes sont réparties dans la salle de jeux.
Chaque équipe est chargée de ramasser un seul type de forme puis de les placer sur le tapis.

Associer 2 formes de taille identique.

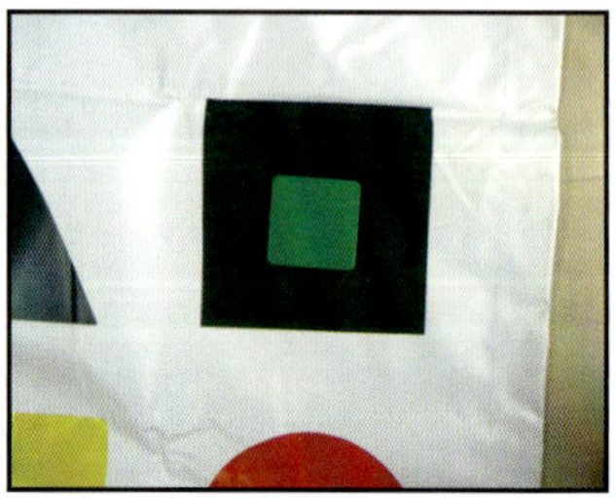
Associer 2 carrés de tailles différentes.

Approcher les quantités et les nombres

Le loto des fruits

- Dénombrer des petites quantités de 1 à 3.

MATÉRIEL

Un jeu de loto dont les cartes représentent des collections de 1 à 3 objets.

ORGANISATION

Atelier de 6 élèves.

CONSIGNES

Chercher les cartes qui représentent les collections identiques à celles de sa planche de loto.
Tirer une carte au sort, la placer sur sa planche si elle convient ou la remettre au centre de la table face cachée.
Tirer une carte au sort, la décrire à ses camarades pour qu'ils puissent l'identifier sur leur planche et la gagner.
Un meneur de jeu tire une carte au sort et la montre. Celui qui possède cette carte sur sa planche gagne la même quantité de jetons.
Jouer au jeu des courses. L'enseignant est le marchand. Les élèves lui passent des commandes pour obtenir les cartes de leur planche.

Tirer une carte au sort, la placer sur sa planche si elle convient.

Repérer sur la planche les collections de 1, 2 ou 3 fruits.

Découvrir les formes et les grandeurs

Puzzles et encastrements

- Ranger des objets selon leur taille.
- Réaliser un puzzle de 3 à 6 pièces.

Formes identiques de tailles différentes. 4 à 6 pièces.

Formes figuratives sans modèle. 2 à 6 pièces.

Pièces carrées avec modèle. 4 pièces.

Formes identiques avec modèle proche. 3 à 4 pièces.

Rituels pour apprendre à compter

Ces rituels sont pratiqués quotidiennement avec une demi-classe ou la classe entière.
Ces rituels permettent de développer les compétences numériques des élèves mais aussi des compétences de raisonnement et les capacités d'attention. C'est un moment spécifique dans la journée bien repéré par les élèves. Il a une durée de 5 à 10 minutes.

Premier, deuxième, troisième

- Utiliser le nombre pour repérer une position.

Trois poules
Quand trois poules vont au champ,
la première va devant,
la deuxième suit la première,
la troisième vient la dernière.
Quand trois poules vont au champ,
la première va devant.

Ce rituel se déroule à la fin des séances du domaine « Agir et s'exprimer avec son corps » en salle de jeux.

– Mettre en scène ce jeu chanté par groupes de 3 enfants.
Dire qui est le premier, le deuxième et le troisième.
Utiliser les termes dernier, dernière et les indicateurs spatiaux : devant, derrière.
– Au signal, exécuter une consigne.
Exemple. Le premier lève un bras et le troisième se met assis.

Le dé géant

- Dire le nombre représenté par une constellation du dé jusqu'à 3.

L'enseignant présente un gros cube en mousse et 6 feuilles carrées de la taille d'une face du cube.
Sur chaque face est représentée une constellation du dé de 1 à 3.

– Reconnaître le nombre de points sur chaque feuille.
L'enseignant décrit chaque feuille.
Pour deux, il dit : « Il y a un et encore un ».
Pour trois, il dit : « Il y a un, un et encore un » ou « Il y a deux et encore un ».
Construire le dé en fixant les feuilles sur le cube.
– Lance le dé et prendre autant de pions que le nombre de points sur le dé.
– Placer les pions sur les points du dé pour valider.
– Lancer le dé, dire le nombre obtenu et frapper autant de fois dans ses mains.
– Lancer le dé et dire le nombre obtenu.
– Lancer le dé et montrer la même quantité avec ses doigts.

Constellations du dé

- Construire une collection de doigts qui a autant d'éléments qu'une constellation du dé.

L'enseignant montre des grandes cartes représentant les constellations du dé de 1 à 3.

- Montrer la même quantité que sur la carte avec ses doigts. L'enseignant distribue les cartes constellations du dé aux élèves. Les cartes sont reproduites en plusieurs exemplaires.
- Montrer sa carte si elle correspond au nombre obtenu sur le dé géant.
- Montrer sa carte si elle correspond à la carte montrée par l'enseignant.
- Montrer sa carte si elle correspond au nombre de fois que l'enseignant a frappé dans ses mains.
- Montrer sa carte si elle correspond au nombre montré par l'enseignant avec ses doigts.
- Montrer sa carte si elle correspond au nombre d'objets contenus dans une boîte.

Livres à compter

- Réciter la comptine numérique jusqu'à 4.

1,2,3 ... Compte avec petit cochon !
Dans le train, il y a ... 1 petit cochon, 2 chatons mignons, 3 chiens tachetés, 4 lapins coquins.

- Mettre en scène l'album en formant un petit train dans la classe : une chaise pour la locomotive et des tapis pour les wagons.
- Retrouver des collections de 1 à 4 objets dans une image complexe comme dans les deux dernières pages de l'album.

1,2,3 ... Compte avec petit cochon !
Guido Van Genechten et Clavis Uitgeverij. Nathan. 2009

Jeux mathématiques

Pêche aux canards

- Classer des formes simples.
- Mémoriser des positions.

MATÉRIEL

12 canards, 1 mare motorisée.

BUT DU JEU

Retrouver les canards de sa famille (rond, triangle, carré, étoile). Mémoriser l'emplacement des canards de sa famille dans la mare. La mare étant motorisée, il est possible de jouer ensuite en faisant tourner la mare pour rendre la mémorisation plus difficile.

Pêche aux canards. DMB Jeux

Mini Nature

- Trier, classer des images.
- Repérer la propriété commune.
- Repérer un intrus dans une collection d'images.

MATÉRIEL

28 cartes réparties en 7 familles : ferme, jungle, forêt, montagne, jardin, savane, mer.

BUT DU JEU

Réunir le plus grand nombre de familles.

Mini Nature. Djeco

Le petit verger

- Se déplacer sur un jeu de piste.
- Respecter la consigne du dé.
- Mémoriser des positions.

MATÉRIEL

1 plateau de jeu en 3D, 15 cartes fleurs, 1 corbeau, 5 paires de cerises, 1 panier, 1 dé.

BUT DU JEU

Récolter toutes les cerises avant que le corbeau n'arrive devant l'arbre.

Le petit verger. Haba

7 familles

- Trier, classer des images.
- Repérer la propriété commune.
- Repérer un intrus dans une collection d'images.

MATÉRIEL

Un jeu de 7 familles adapté aux petits.

BUT DU JEU

Reconstituer une famille de 4 cartes.

T'choupi joue aux cartes. Ducale

Jeu des 7 familles. Cofalu Kim'Play

Piccobello

- Respecter les consignes données par 2 dés.

MATÉRIEL

1 plan de jeu en 3D, 1 corde à linge, 4 panières à linge, 30 pinces à linge, 20 vêtements de 5 couleurs, 1 dé de couleurs et 1 dé action.

BUT DU JEU

Accrocher tous ses vêtements à la corde à linge.

Piccobello. Selecta spiel

PÉRIODE 5 mai – juin

REPRODUIRE DES ASSEMBLAGES DE FORMES

Assemblages 3D

MATÉRIEL

- Le jeu Triolo Nathan éducatif ou le jeu d'empilement chez Haba : 48 pièces de 4 formes et 3 couleurs qui s'enfilent sur des abaques, des modèles représentés sur des fiches plastifiées.

ORGANISATION

Atelier de 4 élèves.

DÉROULEMENT

DÉCOUVERTE
Manipulation

- **ÉTAPE 1 Reproduire un assemblage à partir d'un modèle réel**
- Construire des assemblages en enfilant librement les formes dans les tiges des abaques du jeu Triolo. Manipuler les formes, repérer qu'on peut les orienter de deux façons sur les tiges. Les enfants construisent des assemblages figuratifs (bonhomme, champignon) ou abstraits.
- Mettre en commun les constructions. Essayer de reproduire l'assemblage réalisé par un camarade sur une seule tige de l'abaque. Reconnaître les formes nécessaires et les placer dans le bon ordre sur la tige de l'abaque en les orientant correctement.
- Reproduire un modèle en imitant un camarade.

RECHERCHE
Manipulation

- **ÉTAPE 2 Différencier les objets selon un seul critère : la forme**
- Trier les objets en fonction de leur couleur. Construire 3 assemblages de couleurs différentes, un sur chaque tige de l'abaque.
- Construire un assemblage jaune sur la première tige de l'abaque. Reproduire cet assemblage en bleu sur la tige d'à côté puis en rouge sur la dernière tige. Repérer que deux objets de couleurs différentes peuvent avoir la même forme.

CONSOLIDATION
Manipulation

- **ÉTAPE 3 Reproduire un assemblage de formes à partir d'un modèle représenté**
- Reproduire les modèles en respectant une progression : des modèles dont les formes sont clairement reconnaissables sur l'image vers des modèles où les formes sont plus difficilement identifiables.

DIFFÉRENCIATION

- Aide au choix des formes et à l'organisation du travail.
- Inciter à retourner et à faire pivoter les pièces.

S'APPROPRIER LE LANGAGE

- **Décrire** un objet en précisant sa forme et sa couleur.
- **Lexique** Noms (le premier, le dernier), verbes (enfiler, toucher), adjectifs de couleurs.
- **Syntaxe** Utiliser des indicateurs spatiaux (au-dessus, en dessous) et temporels (d'abord, ensuite).

ÉTAPE 1 Reproduire un assemblage à partir d'un modèle réel

Construire des assemblages en enfilant librement les formes dans les tiges des abaques.

ÉTAPE 2 Différencier les objets selon un seul critère : la forme

Construire un assemblage jaune sur la première tige de l'abaque.

Reproduire cet assemblage en bleu sur la tige d'à côté.

Le reproduire en rouge sur la dernière tige.

ÉTAPE 3 Reproduire un assemblage de formes à partir d'un modèle représenté

Reproduire des assemblages dont les formes sont bien identifiables. Comparer les 3 assemblages.

Reproduire un assemblage où les formes sont moins identifiables sur une image.

Les aimants

MATÉRIEL

– Les pièces magnétiques d'un jeu de construction du type Constrimagnet chez Nathan éducatif.

ORGANISATION

Atelier de 6 élèves.

DÉROULEMENT

DÉCOUVERTE
Manipulation

● **ÉTAPE 1 Assembler les éléments d'un jeu de construction**
– Jouer librement avec les formes de son choix. Se lancer dans une construction seul ou à plusieurs.
Les élèves réalisent des chemins, des lignes, des assemblages de lignes et des constructions en 3 dimensions.

RECHERCHE
Manipulation

● **ÉTAPE 2 Reproduire un modèle simple**
Le modèle est une construction simple réalisée par un élève ou par l'enseignant.
– Chercher comment reproduire le modèle du soleil présenté par l'enseignant.
Ce modèle du soleil peut être réalisé avec des éléments d'une seule couleur pour faciliter la tâche.
– Comparer sa construction au modèle. Définir les critères de réussite (formes utilisées, taille et couleur) et recommencer si nécessaire.

CONSOLIDATION
Manipulation

● **ÉTAPE 3 Reproduire un modèle complexe**
– Chercher comment reproduire le modèle du bonhomme avec des éléments d'une seule couleur.
– Comparer sa construction au modèle. Définir les critères de réussite (formes utilisées, taille et couleur) et recommencer si nécessaire.

DIFFÉRENCIATION

– Aider les élèves à organiser leur assemblage.
– Adapter le nombre de pièces du modèle et la variété des pièces (taille et couleur) aux besoins des élèves.

S'APPROPRIER LE LANGAGE

● **Décrire** un objet simple (couleur, forme et taille).
● **Lexique** Noms (aimant, tige, boule, vocabulaire lié au schéma corporel), verbes (assembler, faire toucher), indicateurs spatiaux (autour de, au milieu), adjectifs (les couleurs, petit, grand).

ÉTAPE 1 Assembler les éléments d'un jeu de construction

Réalisation de lignes et de figures complexes.

Construction en 3 dimensions.

ÉTAPE 2 Reproduire un modèle simple

Reproduire le modèle du soleil.

Premiers essais.

ÉTAPE 3 Reproduire un modèle complexe

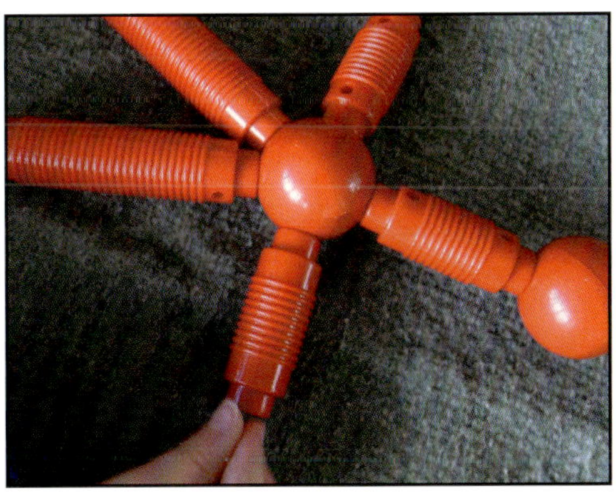

Reproduire le modèle du bonhomme.

Premiers essais.

Espaces fermés

MATÉRIEL

- Des caissettes, des cerceaux, des cordelettes, des plots, des barres.
- Les pièces magnétiques d'un jeu de construction du type Constrimagnet chez Nathan éducatif.

ORGANISATION

Étape 1 : Activité menée en salle de jeux avec l'ensemble de la classe.
Étape 2 et 3 : atelier avec 6 élèves.

DÉROULEMENT

DÉCOUVERTE
Motricité

ÉTAPE 1 Construire un espace clos

Le matériel utilisé a été découvert dans le cadre des activités de construction de parcours en salle de jeux.

- Jouer à des jeux du type « Le loup dans la bergerie » avec des cerceaux.
  Se placer à l'intérieur d'un cerceau pour se protéger du loup.
- Construire à plusieurs des maisons avec des cordelettes, des caissettes, des plots ou des barres en plastique. Cette maison doit être fermée pour empêcher le loup d'y pénétrer.

L'enseignant teste les réalisations en jouant le rôle du loup. Il fait prendre conscience de la nécessité de fermer la construction et apporte le vocabulaire spatial correspondant : dedans, dehors, ouvert, fermé.

RECHERCHE
Expérimentation

ÉTAPE 2 Construire une figure fermée

Les élèves ont joué librement avec la ferme et les animaux de la classe avant de construire des enclos fermés.

- Construire un parc pour empêcher les animaux de la ferme de s'échapper. Les élèves manipulent les pièces magnétiques du jeu Constrimagnet. L'enseignant teste les réalisations avec un animal en plastique de la ferme. Il fait prendre conscience de la nécessité de fermer le parc et utilise le vocabulaire spatial correspondant : dedans, dehors, ouvert, fermé.

RECHERCHE
Expérimentation

ÉTAPE 3 Construire une figure fermée avec un nombre imposé de pièces

Chaque élève reçoit une boîte contenant autant de boules que de tiges du jeu Constrimagnet.

- Construire un parc fermé en utilisant les boules et les tiges fournies. Comme on ne peut pas assembler deux boules, il faut réaliser une figure fermée respectant le rythme répétitif : une boule, une tige. Pour résoudre le problème, il faut donc alterner les 2 types de pièces magnétiques.
- L'enseignant propose un nouveau problème : pendant que l'élève ferme les yeux, il retire une boule du parc fermé que l'élève a réalisé. Il lui demande ensuite de retrouver la place de cette boule. L'enseignant retire ensuite deux boules ou une boule et une tige.

DIFFÉRENCIATION

- Demander aux élèves qui en ont besoin d'observer les constructions de leurs camarades pour comprendre la notion de ligne fermée.

S'APPROPRIER LE LANGAGE

- **Indiquer** la position d'un objet dans l'espace.
- **Lexique** Utiliser le vocabulaire spatial : dedans, dehors, fermé, ouvert.
- **Syntaxe** Produire des phrases négatives. Construire des phrases complexes avec « parce que ».

ÉTAPE 2 Construire une figure fermée

Construire un parc pour empêcher les animaux de la ferme de s'échapper.

ÉTAPE 3 Construire une figure fermée avec un nombre imposé de pièces

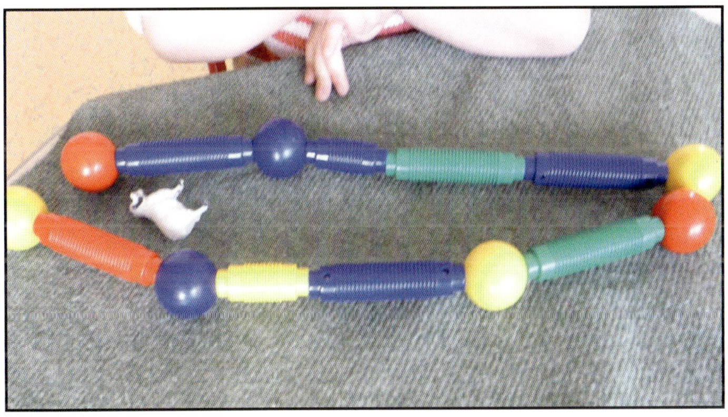

Illustration de la difficulté à fermer une figure.

Comprendre qu'on ne peut pas assembler deux boules.

Cet élève va ensuite fermer sa figure.

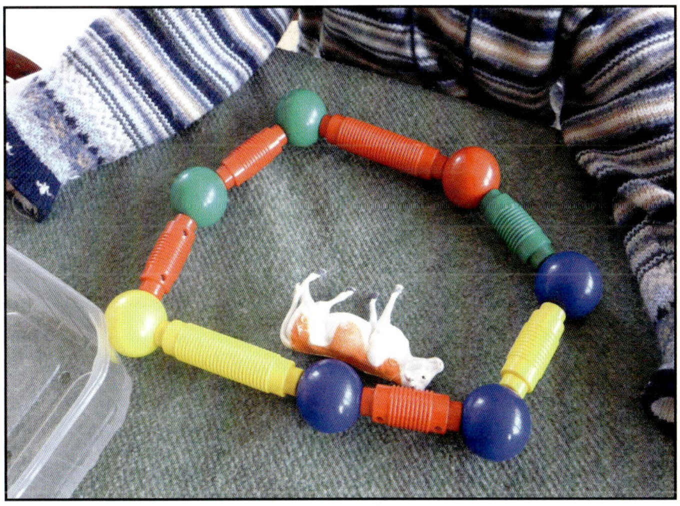

Le problème est résolu par tâtonnement.

DÉCRIRE LA POSITION DES OBJETS DANS L'ESPACE

Cache-cache à l'école

MATÉRIEL

- Les étiquettes-prénoms des élèves (photo et prénom).
- Des objets de **4** couleurs différentes (Duplos ou autres éléments de jeux de construction).

ORGANISATION

Activités menées dans la cour de l'école avec toute la classe.

DÉROULEMENT

Les notions liées à l'espace sont utilisées au quotidien dans la classe depuis le début de l'année. L'enseignant demande régulièrement aux enfants de se placer devant ou derrière quelqu'un, de ranger des objets sur un meuble ou dans un bac. Les jeux de cache-cache à l'école sont l'occasion de structurer ces apprentissages.

DÉCOUVERTE
Motricité

Jeu 1 Le signal

Pour augmenter les lieux possibles de cachette, l'enseignant aménage la cour en y installant des caisses, des bancs et des gros jouets. Les élèves se cachent dans la cour et doivent revenir au signal de l'enseignant. Ils disent où ils étaient cachés. Les élèves doivent comprendre que le signal interrompt le jeu et commande le retour vers l'enseignant.

RECHERCHE
Motricité

Jeu 2 Cache-cache

Les enfants se cachent dans la cour. L'enseignant et l'ATSEM les cherchent. Chaque élève découvert rejoint le groupe de l'enseignant ou de l'ATSEM pour les aider dans leur recherche.

Jeu 3 La chasse aux couleurs

Les enfants sont répartis en 4 équipes. L'enseignant cache des objets (Duplos) de 4 couleurs différentes dans la cour de récréation.

- Chaque équipe est chargée de trouver le plus possible d'objets de même couleur. À la fin du jeu, les enfants expliquent où étaient cachés les objets.

CONSOLIDATION
Motricité

Jeu 4 Je pose, je retrouve

- Chaque élève va déposer sa photo dans un endroit de la cour.
- Revenir vers l'enseignant puis rechercher sa photo après un temps plus ou moins long.
- Revenir vers l'enseignant avec sa photo et dire où elle était cachée.
- Réussir trois fois cette situation en changeant de lieu à chaque fois.

Jeu 5 Je pose, tu trouves

Les enfants jouent par deux.

- Un élève du binôme va cacher sa photo à l'endroit qu'il souhaite. Revenir et dire à son camarade où elle est cachée. Le coéquipier part rechercher la photo.

PROLONGEMENTS

- Lire des livres animés sur le thème de la cachette. Réaliser un album de la classe à la manière de l'album *Cache-cache à l'école* de Claudia Bielinsky chez Casterman.
- Présenter des photos de la mascotte de la classe prises dans différents lieux de l'école. Identifier les endroits photographiés et s'y rendre.

S'APPROPRIER LE LANGAGE

- **Indiquer** sa position dans l'espace.
- **Lexique** Utiliser le vocabulaire spatial pour se situer : sur, sous, dans, devant, derrière, entre.
- **Syntaxe** Produire des phrases en utilisant des indicateurs spatiaux et « est caché » ou « était caché ».

JEU 4 Je pose, je retrouve

Chaque élève va déposer sa photo où il veut puis revient vers l'enseignant. Il doit ensuite la retrouver.

PROLONGEMENT

Cache-cache à l'école
La maîtresse vient d'annoncer la récréation !
Alors, Uki propose à ses copains de jouer à cache-cache
dans toute l'école. Mais où se cacher ?
À la cantine, sous les manteaux, dans la bibliothèque,
dans le feuillage du grand arbre de la cour,
peut-être même dans le bureau de la directrice ?
Dans chaque pièce et dans chaque recoin, c'est un vrai plaisir
de découvrir avec Uki, en soulevant les rabats,
qui a bien pu avoir l'idée de s'y dissimuler !

Cache-cache à l'école. Claudia Bielinsky. Casterman. 2006

Approcher les quantités et les nombres

Les animaux du zoo

MATÉRIEL

- Des cartes plastifiées représentant des collections d'animaux.
- Des animaux en bois (Nathan éducatif, Les boîtes à compter 1) : éléphants, oursons, pingouins et tigres.
- Des pions de couleur du jeu Maxicoloredo.

ORGANISATION

Atelier de 6 élèves.

DÉROULEMENT

Les activités présentées ont pour objectif d'aider les enfants à mémoriser plusieurs petites quantités. Comme à cet âge, l'apparence des collections est encore prégnante, certains font encore appel à une mémorisation perceptive des quantités (mémorisation de la position des animaux). La consigne « Aller chercher un pion pour chaque animal » entraîne l'utilisation de procédures de dénombrement.

ÉTAPE 1 Réaliser une collection identique à un modèle éloigné

DÉCOUVERTE Manipulation

Chaque élève reçoit une carte où est représentée une collection d'animaux. Sur chaque carte, il y a plusieurs catégories d'animaux. Par exemple : deux éléphants et trois oursons. Des barquettes contenant ces animaux en bois sont placées sur la table.
- Reconnaître et nommer les animaux représentés sur sa carte. Comprendre que le but est de reconstituer la même collection avec des animaux en bois.
- Prendre des animaux dans la barquette et les poser à côté de sa carte. Dire combien on a pris d'animaux de chaque catégorie (exemple : deux tigres et un pingouin). Poser les animaux sur sa carte pour valider.

RECHERCHE Expérimentation

La barquette avec les animaux est placée sur une table éloignée. Chaque élève reçoit une autre carte avec une collection d'animaux.
- Aller chercher les animaux pour réaliser une collection identique à celle de sa carte. Effectuer si besoin plusieurs voyages. Valider en posant les objets sur l'image.
- Aller chercher les animaux en un seul voyage.

ÉTAPE 2 Réaliser une collection équipotente à une collection éloignée

RECHERCHE Expérimentation

La boîte de ballons (les pions) est placée sur la table.
- Prendre « juste ce qu'il faut » de pions pour donner un ballon à chaque animal.

La boîte de ballons est placée sur une table éloignée.
- Aller chercher « juste ce qu'il faut » de ballons pour avoir un ballon pour chaque animal. Plusieurs voyages sont possibles. Valider en posant un ballon sur chaque animal.
- Recommencer avec d'autres cartes mais en effectuant un seul voyage.

DIFFÉRENCIATION

- L'enseignant pointe les animaux et l'élève compte.
- L'élève pointe les animaux et l'enseignant compte.

S'APPROPRIER LE LANGAGE

- **Constater** le résultat d'une comparaison.
- **Lexique** Comprendre l'expression «juste assez». Utiliser les termes «trop», «pas assez». Noms (un, deux, trois).
- **Syntaxe** Phrases du type «Il en manque encore 2», «Il y en a trop», «Il n'y en a pas assez».

ÉTAPE 1 Réaliser une collection identique à un modèle éloigné

Phase 1. Prendre des animaux dans la boîte placée sur la table pour reconstituer la collection de sa carte.

Phase 2. Aller chercher sur une table éloignée « juste ce qu'il faut » d'animaux pour reconstituer la collection de sa carte.

Phase 2. La validation s'effectue en posant les animaux sur la carte.

PROCÉDURES OBSERVÉES

- Prend des petites quantités de chaque animal sans dénombrer et constate qu'il y en a trop ou pas assez.
- Mémorise l'apparence de la collection d'animaux.
- Fait un voyage pour chaque catégorie d'animaux. Cherche d'abord les pingouins puis les tigres.
- Enumère et mémorise les animaux dessinés sur la carte.
- Dénombre et mémorise la quantité d'une catégorie d'animaux. Cherche d'abord 3 tigres puis fait un autre voyage pour chercher 2 pingouins.
- Dénombre et mémorise la quantité de deux catégories d'animaux. Cherche 3 tigres et 2 pingouins.

ÉTAPE 2 Réaliser une collection équipotente à une collection éloignée

Phase 1. S'approprier la situation.

Phase 2. Aller chercher « juste ce qu'il faut » de ballons pour avoir un ballon pour chaque animal.

Phase 2. Valider en posant les ballons sur les animaux.

PROCÉDURES OBSERVÉES

- Estime les quantités nécessaires pour chaque animal. Constate qu'il y en a trop ou pas assez et ajuste.
- Dénombre une seule catégorie d'animaux.
- Dénombre chaque catégorie d'animaux et mémorise les deux quantités.
- Synchronise le pointage des animaux et la récitation de la suite des nombres.
- Reconnaît certaines quantités (un, deux, trois).

DÉNOMBRER DES PETITES QUANTITÉS (1 À 4)

Le vélo de Jo (1)

MATÉRIEL

- Des blocs en mousse pour construire 4 maisons.
- Les 4 marionnettes ou marottes réalisées à partir des dessins des 4 personnages de l'histoire **(matériel page 116)**.
- Un vélo construit avec des éléments d'un jeu de construction (type Meccano ou petit ingénieur) ou les vélos dessinés **(matériel pages 116 et 117)**.

ORGANISATION

Activité menée avec l'ensemble de la classe au coin regroupement.

DÉROULEMENT

Cette séance est menée à partir du scénario suivant :
Jo est un loup. Il s'amuse avec son nouveau vélo. Il passe successivement devant les maisons de ses 3 amis les animaux de la forêt, l'ours, le hérisson et le lapin. Il s'arrête devant la maison de l'ours qui lui demande s'il peut venir avec lui. Jo accepte, ils sont maintenant 2 sur le vélo. Ils rencontrent le lapin puis le hérisson. Les 4 amis se retrouvent assis sur le nouveau vélo de Jo. Ils s'amusent beaucoup mais roulent trop vite et n'arrivent plus à freiner. C'est l'accident, le vélo est cassé. Les amis de Jo pleurent mais celui-ci les rassure, il a une idée. Il faut construire un nouveau vélo plus grand. Ce vélo est construit rapidement. Il a 4 selles. Maintenant sur le vélo de Jo, il y a une place pour chacun de ses amis.

DÉCOUVERTE
Observation

- Décrire le vélo de Jo en nommant les différentes parties. Repérer la selle et son utilité.
- Dénombrer les personnages et les maisons. Décrire oralement la collection de personnages de la manière suivante : « Un, un, un et encore un, cela fait 4. » Pour les maisons dire « Une, une, une et encore une, cela fait 4 ». En parallèle, faire la correspondance avec une configuration de doigts.
- Placer un personnage devant chaque maison.

DÉCOUVERTE
Manipulation

- Écouter et comprendre l'histoire racontée à l'aide de marionnettes ou de marottes réalisées à partir des dessins des 4 personnages **(matériel page 116)**.

DÉCOUVERTE
Observation

- Dire à chaque épisode le nombre de personnages sur le vélo.
- À la fin de l'histoire, comparer le nombre de places avec le nombre de personnages pour vérifier s'il y a une place pour chacun des personnages.

S'APPROPRIER LE LANGAGE

- **Écouter et comprendre** une histoire racontée par un adulte.
- **Lexique** Noms (parties du vélo, noms des personnages), verbes utilisés dans l'histoire, noms et adjectifs numéraux (1 à 4).
- **Syntaxe** Utiliser des pronoms : il et ils.

Décrire le vélo de Jo en nommant les différentes parties.

Dénombrer les personnages et les maisons. Placer un personnage devant chaque maison.

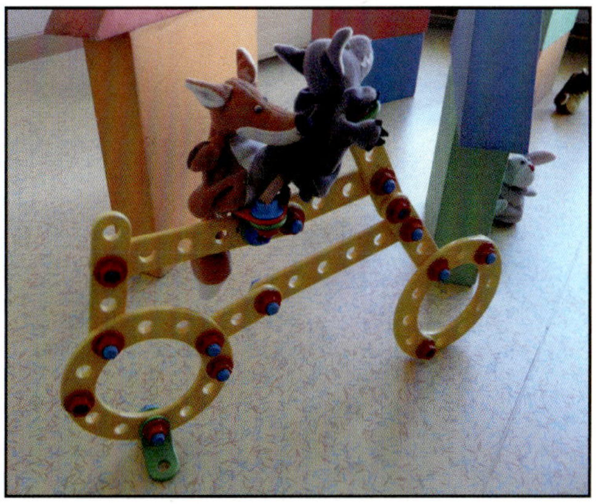

Ils sont maintenant 2 sur le vélo.

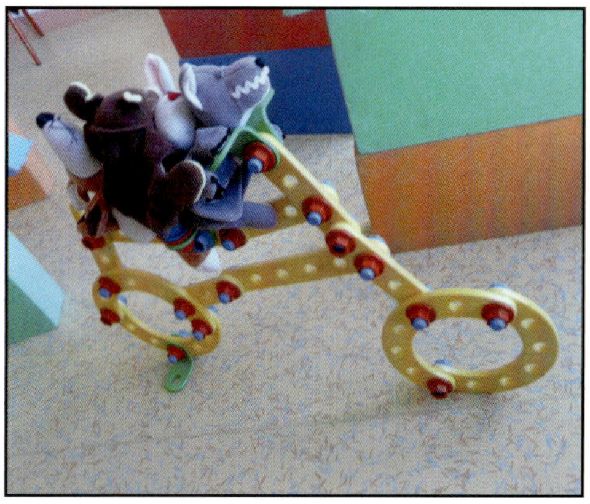

Les 4 amis sont assis sur le vélo.

Mais c'est l'accident. Le vélo est cassé !

Le loup répare le vélo. Il a maintenant 4 selles.

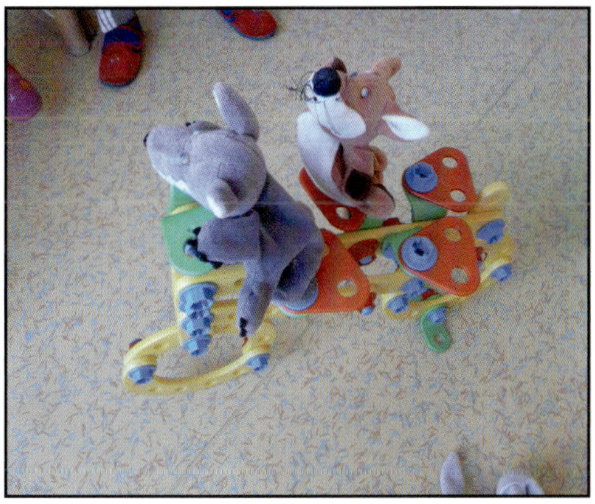

Il reste encore deux places !

Une place est prévue pour chacun de ses amis.

MATÉRIEL

Le vélo de Jo (1).

Les personnages de l'histoire.

 **LE LOUP**	 **L'OURS**
 **LE LAPIN**	 **LE HÉRISSON**

Le vélo de Jo (1).

Le vélo de Jo au début de l'histoire.

MATÉRIEL

Le vélo de Jo (1).

Le vélo de Jo à la fin de l'histoire.

DÉNOMBRER DES PETITES QUANTITÉS (1 À 4)

Le vélo de Jo (2)

MATÉRIEL

- Les 4 images des personnages de l'histoire **(matériel page 116)**.
- Une reproduction du vélo de Jo au format A4 **(matériel page 117)**.
- Les cartes de voitures, trains, avions et vélos **(matériel pages 120 et 121)**.

ORGANISATION

Atelier de 6 élèves.

DÉROULEMENT

DÉCOUVERTE
Manipulation

● **ÉTAPE 1** **Réaliser des collections de 1 à 4 éléments**
- Découvrir le dessin du vélo de Jo avec 4 places. Dénombrer les places et placer la quantité de personnages de son choix. Exprimer ces quantités.
- Placer un par un les 4 animaux sur le vélo. Comprendre que l'on ajoute un à chaque fois et que la totalité fait 4.
- Placer le nombre de personnages demandé oralement par l'enseignant.
- Dénombrer le nombre de places occupées et libres.

RECHERCHE
Expérimentation

● **ÉTAPE 2** **Réaliser une collection qui a autant d'éléments qu'une autre**
Chaque élève reçoit une carte avec une voiture, une carte avec un avion, une carte avec un vélo ou une carte avec un train. Sur chaque carte une collection de ronds est représentée.
Ces ronds représentent les places disponibles. Chaque enfant dispose d'une barquette qui contient 8 images des personnages de l'histoire.
- S'approprier le matériel en plaçant des personnages sur sa carte pour avoir un personnage sur chaque rond. L'enseignant propose ensuite un jeu avec les cartes. Les cartes sont disposées en tas à l'envers au centre de la table.
- Tirer une carte et prendre autant de personnages dans sa barquette qu'il y a de ronds sur la carte.
- Poser les personnages à côté de sa carte. Poser les personnages sur sa carte pour valider lorsqu'on pense qu'il y a autant de personnages que de ronds.
- Si on a réussi, garder la carte gagnée.

Certains élèves commencent à dénombrer les ronds en synchronisant la récitation de la comptine numérique avec le pointage des objets avec leur doigt.

DIFFÉRENCIATION

L'enseignant compte et l'élève pointe les ronds avec son doigt et inversement.

S'APPROPRIER LE LANGAGE

- **Expliquer** ce que l'on fait, ce que l'on a fait.
- **Lexique** Utiliser les termes « pareil », « pas pareil », « trop » et « pas assez ». Noms et adjectifs numéraux de 1 à 4.

Dénombrer les places et placer la quantité de personnages de son choix.

Placer le nombre de personnages demandé oralement par l'enseignant.

Tirer une carte et prendre autant de personnages qu'il y a de ronds sur la carte.

Valider en posant les personnages sur la carte.

Dénombrer les ronds en synchronisant la récitation de la comptine numérique avec le pointage des objets avec le doigt.

Valider en posant une image sur chaque rond.

Procédures observées

- Estime la quantité de personnages nécessaires en regardant sa carte.
- Reproduit la configuration de ronds avec les personnages.
- Dénombre les ronds.

MATÉRIEL

Le vélo de Jo (2).

Les cartes.

MATÉRIEL

Le vélo de Jo (2).

Les cartes.

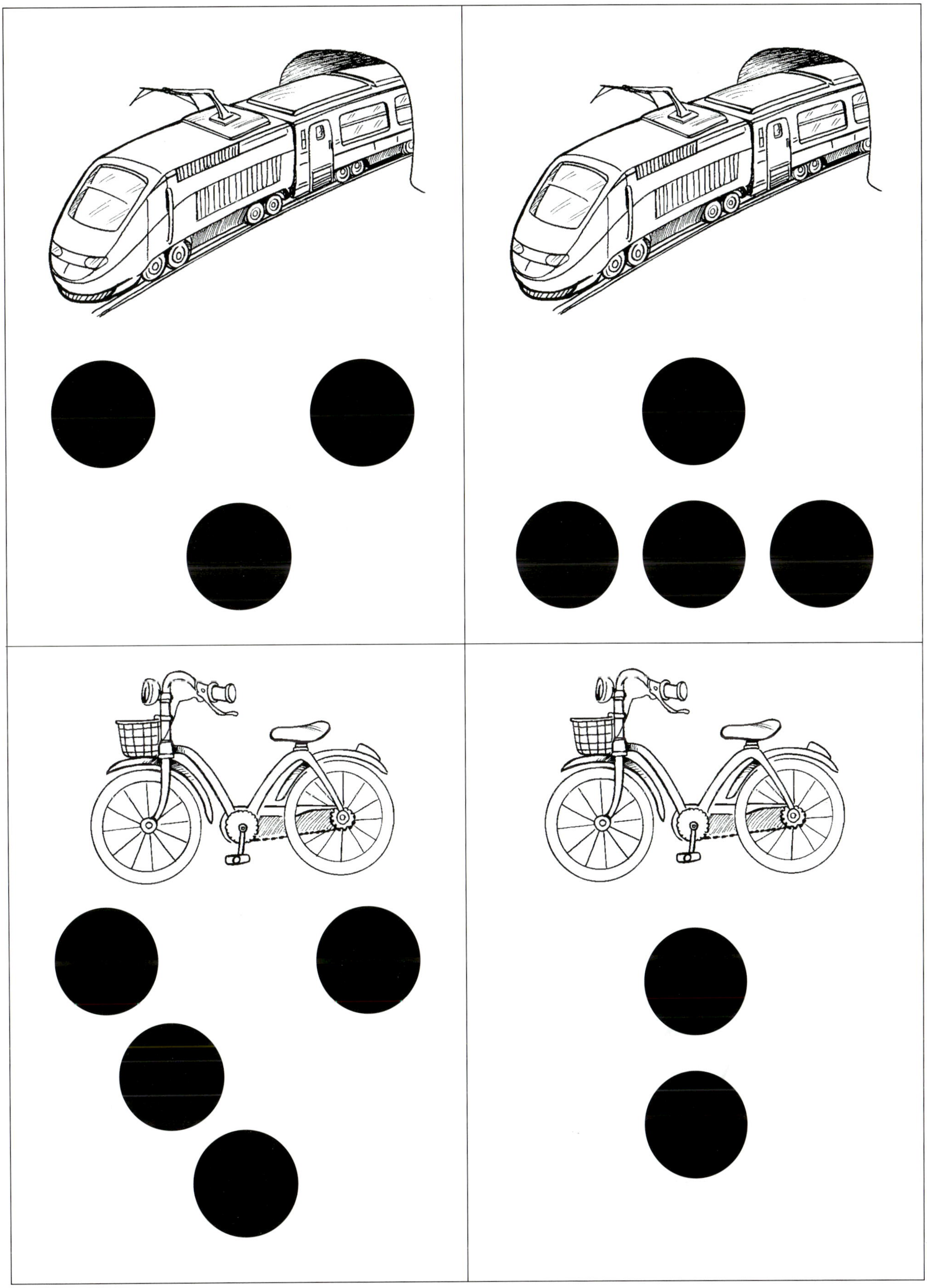

Développer sa pensée logique

POURSUIVRE UNE SUITE RÉPÉTITIVE

La chambre des poupées

MATÉRIEL

- Une frise de papier peint présentant une suite répétitive avec un rythme 1/1.
- Des bandes de papier blanc de la même largeur que les éléments à coller.
- Des éléments répétitifs découpés dans d'autres frises (ajuster la hauteur des éléments à la largeur de la bande sur laquelle ils seront collés).

ORGANISATION

Un atelier de 4 à 6 élèves. Travail de groupe pour l'étape 1. Travail individuel pour les étapes 2 et 3.

DÉROULEMENT

DÉCOUVERTE
Manipulation

● **ÉTAPE 1 Identifier un rythme dans une suite répétitive**
- Dérouler une frise de papier peint avec une suite répétitive. Dire ce que c'est et à quoi cela sert. Constater sa longueur.

L'enseignant ajoute une bande de papier blanc pour poursuivre la frise. Il a découpé chacun des deux motifs représentés (fleurs et tiges) sur la frise en plusieurs exemplaires.
- Placer les motifs sur la bande de papier pour poursuivre la frise. Comparer avec le modèle. Constater des différences. Comprendre le but du problème.

Un élève du groupe est chargé de placer 4 fleurs sur le modèle. Constater que ces 4 fleurs ne se touchent pas et qu'il y a toujours une tige entre deux fleurs. Compléter avec des tiges dans les espaces entre les fleurs.

RECHERCHE
Expérimentation

● **ÉTAPE 2 Poursuivre une suite algorithmique**
- Prolonger la frise en alternant des fleurs et des tiges. Décorer le coin chambre de la classe avec cette frise.

CONSOLIDATION
Manipulation

● **ÉTAPE 3 Produire une suite algorithmique**
- Créer un motif répétitif à l'aide de 2 motifs découpés. Les placer sur une bande de papier pour réaliser une suite répétitive.

PROLONGEMENTS

- Réaliser une frise décorative en peinture. Utiliser des éponges pour réaliser une suite répétitive 1/1.
- Réaliser des colliers de perles avec une suite algorithmique simple.
- Réaliser des tours avec des Duplos en alternant deux couleurs.

DIFFÉRENCIATION

- Pour poursuivre une suite répétitive en alternant par exemple des images de chien et d'oiseau, l'enseignant place les chiens et l'élève les oiseaux.

S'APPROPRIER LE LANGAGE

- **Expliquer** ce que l'on fait. **Expliquer** ce qu'a fait un camarade.
- **Lexique** Noms (frise, papier peint, bande, chambre, tapisserie), verbes (continuer, poursuivre, répéter), adverbes (toujours, d'abord, ensuite, après, avant, puis), vocabulaire spatial (entre, à côté).
- **Syntaxe** Utiliser il ou elle.

ÉTAPE 1 Identifier un rythme dans une suite répétitive

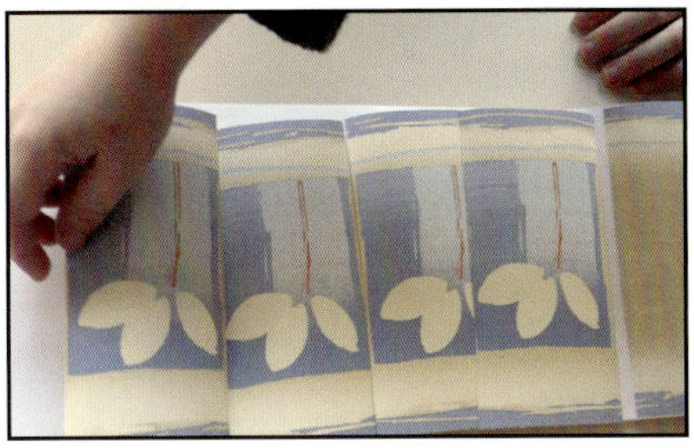

Premiers essais. Cet élève place d'abord toutes les fleurs puis continue avec les tiges.

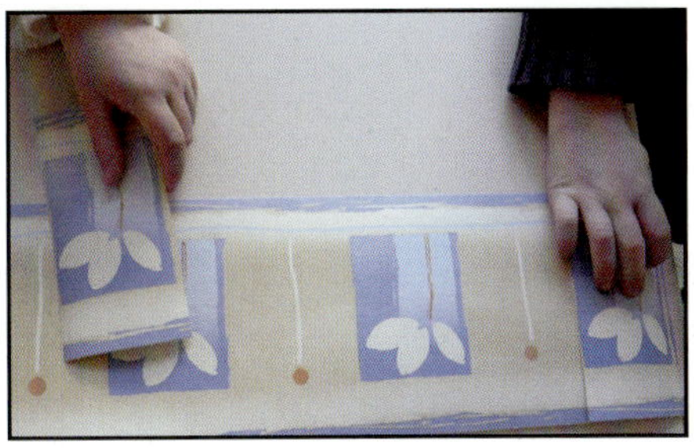

Poser les images de fleurs sur le modèle.

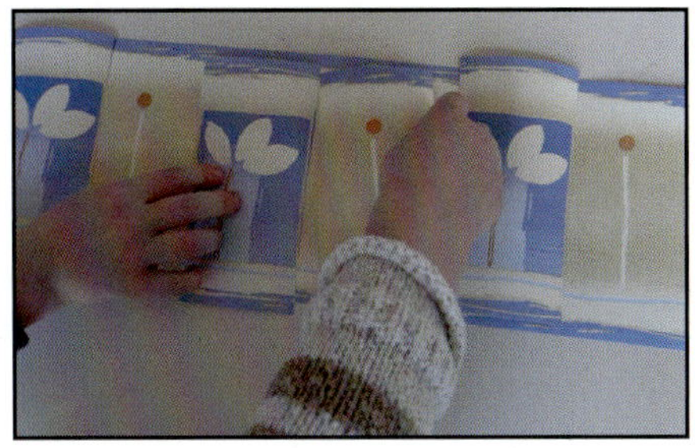

Poser les tiges. Identifier le rythme.

ÉTAPE 2 Poursuivre une suite algorithmique

Poursuivre la suite répétitive en alternant une fleur, une tige.

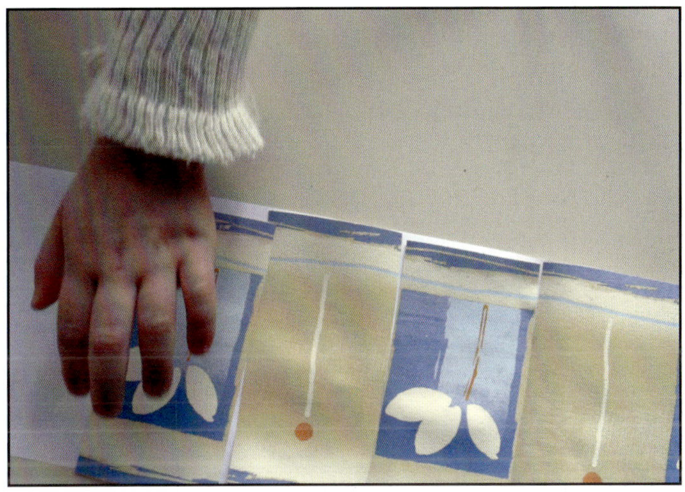

Placer d'abord les fleurs puis compléter avec les tiges.

PROCÉDURES OBSERVÉES

- Place les images en alternant une fleur, une tige.
- Anticipe la solution en plaçant d'abord les fleurs. Laisse de l'espace pour placer les tiges.

ÉTAPE 3 Produire une suite algorithmique

Créer un rythme à l'aide de 2 motifs : chien et oiseau.

Décorer les coins de la classe avec les frises réalisées.

Activités complémentaires

Découvrir les formes et les grandeurs

Assemblages de formes

- Reproduire un assemblage de formes.

MATÉRIEL

Des jeux de construction.

ORGANISATION

Atelier de 4 à 6 élèves.

CONSIGNES

- Réaliser des personnages ou des animaux librement à l'aide des formes proposées.
- Reproduire un assemblage de formes à partir d'un modèle réel.
- Reproduire un assemblage de formes à partir d'une suite d'images expliquant les étapes de la construction.
- Reproduire un assemblage de formes en s'aidant d'une reproduction ou de la photographie de la construction.

Modèle sous forme de fiche de fabrication.

Modèle dessiné.

Modèle photographié.

Découvrir les formes et les grandeurs

Pyramides

- Reproduire un assemblage de formes.

MATÉRIEL

Des jeux d'assemblages de formes en 3D du type Géopuzzles, Ideal Blox et Wedgits des petits.

ORGANISATION

Atelier de 4 à 6 élèves.

CONSIGNES

- Réaliser des constructions libres.
- Reproduire des assemblages de 3 à 5 pièces.
- Réaliser des pyramides.

Modèle dessiné.

Modèle photographié.

Se repérer dans l'espace

Lignes et colonnes

- Se repérer sur un support quadrillé.

MATÉRIEL

Des plateaux de manipulation verticaux ou horizontaux du type Lumi 7, Maxicoloredo, Atelier Mosaïc junior ou Mosaflore.
Des abaques avec modèles à reproduire.

ORGANISATION

Atelier de 4 à 6 élèves.

CONSIGNES

- Former des lignes ou des colonnes sur un quadrillage.
- Reproduire des assemblages de formes sur des abaques.

Former des lignes.

Former des colonnes.

Reproduire un assemblage sur le plan vertical.

Découvrir les formes et les grandeurs

Assemblages de formes planes

- Reproduire des assemblages de formes simples.

MATÉRIEL

Les formes utilisées dans le « Basic Mosaic ». Jeu Distet.

ORGANISATION

Atelier de 4 à 6 élèves.

CONSIGNES

- Jouer librement avec les formes. Se lancer dans un assemblage seul ou à plusieurs.
- Mettre en commun les assemblages réalisés. Nommer les formes utilisées.
- Reproduire des assemblages de ses camarades sans tenir compte de la couleur des formes. Débuter par des modèles simples. Exemple : un carré et un triangle pour former une maison.
- Reproduire un assemblage complexe présenté par l'enseignant.

Reproduire le modèle de la maison puis de la fleur.

Reproduire le modèle de la voiture.

Découvrir les formes et les grandeurs

Puzzles et encadrements

- Réaliser un encastrement de 6 à 20 pièces.
- Réaliser un puzzle de 4 à 6 pièces.

Encastrements. Formes figuratives sans modèle. 6 à 12 pièces.

Puzzles 4 à 9 pièces.

Encastrements. Formes figuratives avec lien logique avec le fond. 7 à 20 pièces.

Encastrements. Formes géométriques dans différentes orientations.

Rituels pour apprendre à compter

Ces rituels sont pratiqués quotidiennement avec une demi-classe ou la classe entière. Ces rituels permettent de développer les compétences numériques des élèves mais aussi celles de raisonnement et d'attention. C'est un moment spécifique dans la journée bien repéré par les élèves. Il a une durée de 5 à 10 minutes.

Les cubes

- Réciter la suite orale des nombres jusqu'à 6.

les cubes
1 cube,
2 cubes
3 cubes
4 cubes
5 cubes ça titube !
6 cubes
PATATRAS !
ET VOILÀ !
1, 2, 3, 4, 5, 6.
Tous les cubes
Sont en tas...

Adapter la comptine aux compétences numériques des élèves.
Mettre en scène la comptine avec des cubes.
Réciter la comptine en disant plus fort les adjectifs numéraux.

Le nid

- Dénombrer des quantités jusqu'à 4.

Le nid
Voici le nid.
Mais les oisillons,
Où sont-ils donc ?
Ils sont cachés...
Tout au fond du nid.
Attention,
Ils vont sortir...
Combien sont-ils ?
1, 2, 3, 4.
Ils sont quatre !

La comptine est mise en scène avec un nid et 4 oiseaux réalisés par l'enseignant.
Choisir la quantité d'oiseaux à placer dans le nid (nombre compris entre 1 et 4).
Dire la comptine en sortant les oiseaux au fur et à mesure du comptage. Comprendre que le dernier nombre dit correspond à la quantité d'oiseaux contenue dans le nid.
L'enseignant sort les oiseaux un à un pendant que les élèves récitent la comptine en faisant correspondre chaque mot-nombre à un oiseau.
L'enseignant récite la comptine pendant qu'un élève sort les oiseaux un à un.

Le jeu du bus

- Résoudre des problèmes de quantités.

Le but de cette activité est d'amener les élèves à utiliser des procédures variées pour résoudre un problème où il faut réaliser une collection équipotente à une autre.
L'enseignant place des chaises à côté du coin regroupement pour représenter les places disponibles dans le bus. La chaise du chauffeur est d'une couleur différente. Les chaises sont placées l'une derrière l'autre, regroupées par 2 ou par 3.
Un élève joue le rôle du chauffeur. Il est chargé de remplir le bus en désignant des enfants de la classe. Il peut remplir le bus en plusieurs étapes. La quantité et la configuration des places est modifiée régulièrement. Le nombre de places varie de 3 à 8.
Les élèves utilisent le vocabulaire adéquat pour décrire les situations rencontrées : « Il reste des places vides », « trop » ou « pas assez ».

Procédures observées

- Désigne les élèves un à un jusqu'à ce que le bus soit rempli.
- Désigne des groupes de 2 élèves jusqu'à ce que le bus soit rempli.
- Donne le nombre de places disponibles quand il est inférieur à 5.

Livres à compter

- Retirer un.
- Décomposer 4.

Et le petit dit...
Un éléphant, un rhinocéros et un hippopotame, tout ça dans le même livre ! Mais ça prend beaucoup trop de place, se dit le petit oiseau. Celui-ci est bien décidé à se sentir moins serré, quitte à pousser tout le monde hors des pages du livre.
Un livre que l'on peut mettre en scène facilement avec sa classe.
Il permet de visualiser les décompositions du nombre 4.

Et le petit dit... Jean Maubille. Pastel. 2009

- Dénombrer des quantités dans une collection complexe.

Coucou, tu me vois ?
Un livre où il faut compter les animaux, les plantes ou les objets de tous les jours dans des images complexes.
Un petit personnage à retrouver dans chaque page ajoute encore à l'attrait de ce livre d'images qui fait penser aux albums-jeux de la collection « Où est passé Charlie ? » pour les plus grands. Les élèves sont amenés par exemple à chercher 1 ananas, 2 poires vertes, 3 pêches, 4 citrons jaunes.

Coucou, tu me vois ? Collectif. Gallimard jeunesse. 2009

Jeux mathématiques

Vite ! Habillons Léon...

- Reconnaître des petites quantités.

MATÉRIEL

1 plateau de jeu avec 4 Léon à habiller, les vêtements des Léon avec des constellations de points au dos, 1 dé, le puzzle de Gaston, les vêtements de Léon.

BUT DU JEU

Essayer d'habiller les petits Léon avant que le puzzle de Gaston soit reconstitué.

Vite ! Habillons Léon... Vilac

Domino des animaux

- Juxtaposer 2 images identiques.

MATÉRIEL

28 dominos recto-verso : une face animaux et une face constellation sans repère de couleur.

BUT DU JEU

Le premier joueur qui pose son dernier domino gagne la partie.

Domino des animaux. Djeco

Pino Sortino

- Anticiper jusqu'à 3.

MATÉRIEL

1 plateau de jeu composé de 6 parties, 18 objets de l'univers de la maison à encastrer : jouets, vêtements, bain, repas, bureau, 2 dés, 6 pions.

Pino Sortino. Selecta Spiel

BUT DU JEU

Ranger en premier le troisième élément d'une case.

Pippo

- Déduire une information.

Pippo. Gigamic

MATÉRIEL

25 cartes avec 4 petits animaux différents,
25 cartes avec un seul animal de grande taille.

BUT DU JEU

Le fermier Pippo a 5 sortes d'animaux dans sa ferme (chien, chat, cheval, vache et cochon). On les trouve dans le jeu dans 5 couleurs différentes (rouge, vert, jaune, bleu, violet). À chaque tour, on retourne une carte qui présente 4 animaux dans 4 couleurs différentes. Il manque à chaque fois le cinquième animal et la cinquième couleur. Il faut donc repérer la carte de cet animal parmi celles qui se trouvent sur la table. Le premier qui la découvre peut la garder.

Pips et Betsy

- Organiser une suite de déplacements.

MATÉRIEL

1 plateau de jeu en bois, 4 figurines souris en bois, 4 plaquettes souris, 3 dés couleurs.

BUT DU JEU

Être le premier joueur à mettre sa souris dans le garde-manger.

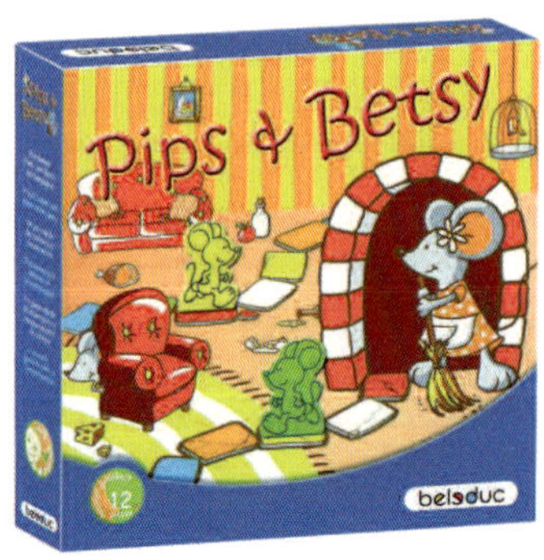

Pips et Betsy. Beleduc